Literaturwissen

für Schule und Studium

Friedrich Schiller

Von Walter Schafarschik

Philipp Reclam jun. Stuttgart

Mit 13 Abbildungen

Universal-Bibliothek Nr. 15218

Umschlagabbildung: Friedrich Schiller.
Pastell von Ludovike Simanowitz, 1793
Gesamtherstellung: Reclam, Ditzingen. Printed in Germany 1999

ISBN 3-15-015218-6

Inhalt

I. Zeittafel

1759 10. November: Johann Christoph Friedrich Schiller wird als zweites Kind (Schwestern: Elisabeth Christophine Friederike, 1757, Luise Dorothea Katharina, 1766, und Caroline Christiane, 1777) des Wundarztes und späteren Leutnants in württembergischen Diensten Johann Caspar Schiller und dessen Ehefrau Elisabeth Dorothea, geb. Kodweiß, in **Marbach** am Nekkar geboren.

1764 Familie Schiller in **Lorch** bei Schwäbisch Gmünd. Der Sechsjährige erhält Elementarunterricht und später Latein- und Griechischunterricht bei Pfarrer Philipp Ulrich Moser, dem er in den *Räubern* ein Denkmal setzt.

1766 Schillers Vater wird in die Residenzstadt **Ludwigsburg** versetzt, die Familie zieht wieder um.

1767 Schiller kommt auf die Ludwigsburger Lateinschule, Freundschaft mit Friedrich Wilhelm von Hoven.

1770 Herzog Carl Eugen (1728–93) gründet auf der Solitude bei Stuttgart ein Militärwaisenhaus für Kinder niederer unbemittelter Offiziere, das 1771 »Militärpflanzschule« wird, mit der Möglichkeit, auch wissenschaftliche Fächer zu studieren.

1772 Konfirmation in der Garnisonskirche in Ludwigsburg. Erste dramatische Versuche, die jedoch verschollen sind (*Die Christen* und *Absalom*).

1773 16. Januar: Schiller wird von seinem Vater, erst nach dreimaliger Aufforderung durch den Herzog, in die »Karlsschule« auf die **Solitude** gebracht. Der lange gehegte Plan, Theologie zu studieren, ist durchkreuzt, für den Dreizehnjährigen beginnt eine harte Zeit. Erste eigene Werke: Gedicht *An die Sonne* und Epos *Moses.*

1774 Die Schule auf der Solitude erhält eine juristische Fakultät. Schiller entscheidet sich für das Jurastudium, doch sein Interesse an eigener dichterischer Arbeit wächst.

23. September: Durch Unterschrift bestätigen Schillers Eltern, daß sich ihr Sohn als Dank für die Ausbildung ganz dem Dienste des Hauses Württemberg widmen werde und ohne Erlaubnis daraus auszutreten nicht befugt sei.

1775 Christian Friedrich Daniel Schubarts Erzählung »Zur Geschichte des menschlichen Herzens« erscheint, sie wird eine der wichtigen Quellen für *Die Räuber*; vielleicht erste Konzeption des Stückes. Verlegung der Militärakademie von der Solitude nach **Stuttgart**. Schillers Vater scheidet aus dem Militärdienst aus und wird Leiter der herzoglichen Hofgärtnerei auf der Solitude.

1776 Anfang des Jahres Übergang zum Medizinstudium. Schiller hört bei Professor Jakob Friedrich Abel Philosophie, Psychologie, Ästhetik, Moral und Geschichte. Abel, der für Schillers Entwicklung große Bedeutung hat, macht ihn mit Shakespeares »Othello« bekannt. Beginn des Shakespeare-Studiums. In dem von seinem Lehrer Haug herausgegebenen »Schwäbischen Magazin« erscheint Schillers erstes Gedicht im Druck: *Der Abend.*

1777 Vermutlich Arbeit an den *Räubern.* Das Gedicht *Der Eroberer* erscheint.

1778 Mai: Der legendär gewordene Spaziergang im Bopserwald am Rande Stuttgarts; Lesung aus den *Räubern* für die Freunde. Medizinischer Bericht über den Tod eines Mitschülers: *Beobachtungen bei der Leichenöffnung des Eleve Hillers.* Es entstehen die Gedichte *Der Venuswagen* und *Rousseau.*

1779 Schillers Abschlußarbeit *Philosophie der Physiologie* wird abgelehnt, er muß noch ein Jahr auf der Karlsschule bleiben.

1779 14. Dezember: Besuch der Akademie durch Herzog Karl August von Sachsen-Weimar in Begleitung Goethes.

1780 11. Februar: Mitwirkung bei einer Aufführung von Goethes »Clavigo«. Ausarbeitung der *Räuber* während der nächtlichen Arbeit als Krankenwärter. Im Zusammenhang mit dem Tod des Freundes August von Hoven entsteht das Gedicht *Eine Leichenphantasie*. Zweite Dissertation, die angenommen und gedruckt wird: *Versuch über den Zusammenhang der tierischen Natur des Menschen mit seiner geistigen*. Abschlußprüfung und Entlassung aus der Militärakademie. Anstellung als Regimentsarzt im Regiment des Generals Augé in Stuttgart.

1781 Schiller ›genießt‹ das Leben in Freiheit, ohne wirklich frei zu sein: Die *Räuber* muß er anonym und auf eigene Kosten drucken lassen.

1782 13. Januar: Uraufführung der *Räuber* im Nationaltheater in Mannheim in Anwesenheit Schillers, der heimlich dorthin gereist ist. Triumphaler Erfolg für den jungen Dichter. Im Frühjahr erscheint seine Gedichtsammlung *Anthologie auf das Jahr 1782*. Arbeit an der *Verschwörung des Fiesco zu Genua*.

Juli: 14 Tage Arrest wegen erneuter unerlaubter Reise nach Mannheim. Der Herzog verbietet Schiller das »Komödienschreiben«, dennoch wahrscheinlich die ersten Entwürfe zu *Luise Millerin* (*Kabale und Liebe*).

22. September: Flucht mit dem Freund Andreas Streicher nach **Mannheim**. Nach kurzem Aufenthalt und vergeblichem Versuch, Interesse für sein neues Stück *Die Verschwörung des Fiesco zu Genua* zu erwecken, Weiterreise nach **Frankfurt**, **Worms** und **Oggersheim**, ständig in finanzieller Bedrängnis und in der Furcht, entdeckt und nach Stuttgart ausgeliefert zu werden. Nachdem auch der umgearbeitete *Fiesco* am

Mannheimer Theater nicht angenommen wurde, am 30. November Abreise nach **Bauerbach** in Thüringen. Auf dem dortigen Gut Henriettes von Wolzogen lebt Schiller als Dr. Ritter und arbeitet an *Luise Millerin* und *Don Carlos.*

1783 20. Juli: Uraufführung des *Fiesco* in Bonn.
24. Juli: Aufbruch nach **Mannheim**. Anstellung als Theaterdichter. Schwere Erkrankung an Malaria.

1784 11. Januar: *Fiesco* in Mannheim erstaufgeführt. Vorschlag des Schauspielers Iffland, *Luise Millerin* in *Kabale und Liebe* umzubenennen.
13. April: Uraufführung des Stückes in Frankfurt, am 15. April Erstaufführung in Mannheim.
26. Juni: Antrittsrede Schillers in der Kurfürstlich Deutschen Gesellschaft *Vom Wirken der Schaubühne auf das Volk*, später als *Die Schaubühne als moralische Anstalt betrachtet* gedruckt. Schillers Vertrag mit dem Mannheimer Theater wird nicht verlängert.

1785 9. April: auf Einladung Christian Gottfried Körners und dessen Freunden Abreise nach **Leipzig**. Von dort in das nahegelegene Gohlis, dann in die Nähe von Dresden, insbesondere nach **Loschwitz**, wo er im Weinberghaus Körners wohnt. Beginn der lebenslangen Freundschaft mit Körner. Arbeit an *Don Carlos* und historische Studien. Es entstehen das Gedicht *An die Freude* und die Erzählung *Verbrecher aus Infamie*, die später den Titel *Der Verbrecher aus verlorener Ehre* erhält.

1786 Weiterarbeit an *Don Carlos* und historische Studien, Roman *Der Geisterseher* und Arbeit an der Abhandlung *Geschichte des Abfalls der Niederlande*.

1787 Uraufführung des *Don Carlos* am 29. August in Hamburg. Schiller besucht **Weimar** und lernt Wieland und Herder kennen, Goethe ist in Italien. In **Rudolstadt** Begegnung mit seiner späteren Frau Charlotte von Lengefeld.

Friedrich Schiller.
Kreidestudie von Anton Graff, um 1786

1788 *Abfall der Niederlande* erscheint, das Gedicht *Die Götter Griechenlands* entsteht. Arbeit an dem Roman *Der Geisterseher* und *Briefe über Don Carlos.*
7. September: erste Begegnung mit Goethe in Rudolstadt, förmlich, ohne näheres Interesse von Goethes Seite. Arbeit an dem Gedicht *Die Künstler.*
9. Dezember: Goethe schlägt Schiller für eine Professur in Jena vor.

1789 Ernennung zum Professor, Übersiedlung nach **Jena.**
26. Mai: Unter begeisterter Beteiligung der Studenten die berühmte Antrittsvorlesung an der Universität, die später unter dem Titel *Was heißt und zu welchem Ende studiert man Universalgeschichte?* erscheint. Verlobung mit Charlotte von Lengefeld. *Der Geisterseher* als Fragment veröffentlicht.

1790 Schiller erhält zur gesellschaftlichen Aufwertung den Hofratstitel des Herzogtums Meiningen. Arbeit an der *Geschichte des Dreißigjährigen Krieges*, die im Oktober in Folgen zu erscheinen beginnt.
22. Februar: Hochzeit mit Charlotte von Lengefeld.

1791 Ausbruch der später chronisch werdenden Krankheit (Lungen- und Rippenfellentzündung). Studium der Schriften Kants (»Kritik der Urteilskraft«, »Kritik der reinen Vernunft«), um sich mit dessen Ästhetik auseinanderzusetzen.
Juli: Kur in **Karlsbad.**
Dezember: Herzog Friedrich Christian von Holstein-Augustenburg und dessen Finanzminister Graf Ernst von Schimmelmann gewähren Schiller ein dreijähriges Stipendium zur Wiederherstellung seiner Gesundheit und für ungestörte Arbeit.

1792 Weitere Beschäftigung mit Kant und eigene ästhetische Studien. Gesundheitliche Probleme.
Mai: Weiterarbeit am *Dreißigjährigen Krieg*, erste Pläne für *Wallenstein.*
26. August: Die französische Nationalversammlung ver-

Schillers Frau Charlotte.
Ölgemälde von Ludovike Simanowitz, 1794

leiht Schiller wegen seiner Verdienste um die Sache der Freiheit den Ehrentitel eines »Citoyen Français«. November: private Vorlesung über Ästhetik im Anschluß an das Kant-Studium.

1793 Erste Ergebnisse der ästhetischen Studien in den Schriften: *Über Anmut und Würde*, von Kant sehr gelobt, und *Über das Erhabene*.
Anfang August: Reise mit seiner Frau nach Schwaben.
14. September: Geburt des Sohnes Karl in **Ludwigsburg**. Als Dank für die finanzielle Unterstützung entstehen die philosophisch-ästhetischen Briefe an den Herzog von Augustenburg (*Briefe an den Augustenburger*), die im folgenden Jahr in erweiterter und veränderter Form in den *Horen* unter dem Titel *Über die ästhetische Erziehung des Menschen in einer Reihe von Briefen* veröffentlicht werden.

1794 Zusammensein mit den Eltern, Geschwistern, Freunden und ehemaligen Lehrern, Besuche in **Stuttgart** und **Tübingen**. Beziehung zum Verleger Johann Friedrich Cotta und Plan für die Zeitschrift *Die Horen*. Prosa-Szenen zum *Wallenstein*.
15. Mai: Heimkehr nach **Jena**.
20. Juli: Gespräch mit Goethe nach einer Sitzung der Naturforschenden Gesellschaft in Jena. Sie sprechen über Goethes Art der Naturbetrachtung. Beginn der Freundschaft mit Goethe und des bedeutsamen Briefwechsels.
September: Besuch bei Goethe in **Weimar**.

1795 Die ersten Nummern der *Horen* erscheinen, sie enthalten u. a. in Fortsetzung Schillers *Ästhetische Briefe* und seine wichtigste literaturtheoretische Abhandlung *Über naive und sentimentalische Dichtung*. Schiller lehnt eine Professur in Tübingen ab. Rückwendung von der Philosophie zur Dichtung. Die Gedichte *Das Ideal und das Leben*, *Das verschleierte Bild zu Sais* und *Der Spaziergang* entstehen.

1796 Schiller gibt den *Musenalmanach* heraus, in dem die im gleichen Jahr mit Goethe gemeinsam gedichteten *Xenien* erscheinen.
7. September: Schillers Vater stirbt. Arbeit am *Wallenstein*. Intensive Phase der Freundschaft mit Wilhelm von Humboldt.

1797 Das sogenannte Balladenjahr. Im Wettstreit mit Goethe entstehen u. a. die Balladen *Der Taucher, Der Handschuh, Der Ring des Polykrates, Die Kraniche des Ibykus.* Umdichtung des *Wallenstein* in Verse.

1798 *Wallensteins Lager* uraufgeführt. Die Ballade *Die Bürgschaft*.

1799 *Wallenstein* beendet. Arbeit an *Maria Stuart*, Plan zur *Braut von Messina*. Die Elegie *Nänie* entsteht.
3. Dezember: Übersiedlung nach **Weimar**.

1800 *Maria Stuart* erscheint, Beginn der Arbeit an *Die Jungfrau von Orleans.*

1801 *Die Jungfrau von Orleans* beendet, Reise nach **Dresden** zu Körner, letzte Begegnung mit dem Freund.
11. September: Uraufführung der *Jungfrau von Orleans* in Leipzig. Bearbeitung der *Turandot* von Carlo Gozzi.

1802 Plan zu *Wilhelm Tell.* Arbeit an der *Braut von Messina*.
29. April: Tod der Mutter. Einzug in das neuerworbene und umgebaute Haus in Weimar.

1803 *Die Braut von Messina* fertiggestellt. Arbeit an *Wilhelm Tell.*

1804 Plan, den *Demetrius*-Stoff zu bearbeiten, und Abschluß des *Wilhelm Tell.*
April–Mai: Reise nach **Berlin**.

1805 Anfang Februar: schwere Erkrankung.
1. Mai: letzte Begegnung mit Goethe anläßlich eines Theaterbesuchs. Starke Fieberanfälle durch Lungenentzündung, dennoch Weiterarbeit am *Demetrius*.
9. Mai: Schiller stirbt; 11. Mai: Bestattung.

II. Autor und Werk

Im Juli 1798 schreibt der fast vierzigjährige Schiller ein Gedicht mit dem Titel *Das Glück*. Die ersten Verse lauten: »Selig, welchen die Götter, die gnädigen, vor der Geburt schon / Liebten, welchen als Kind Venus im Arme gewiegt, / Welchem Phöbus die Augen, die Lippen Hermes gelöset, / Und das Siegel der Macht Zeus auf die Stirne gedrückt!« Diesem von den Göttern begünstigten Menschentyp, der also Schönheit, dichterische Begabung, Erfindungs- und Herrschergeist besitzt, zu dem er lange vor der Entstehung dieses Gedichtes immer schon Goethe gezählt hat, stellt er den anderen entgegen: »Groß zwar nenn ich den Mann, der, sein eigner Bildner und Schöpfer, / Durch der Tugend Gewalt selber die Parze bezwingt, / Aber nicht erzwingt er das Glück« (SW 1,240 ff.).[1] In diesem mag er sich selbst gesehen haben.

Eine Autobiographie seines kurzen Lebens existiert nicht einmal in Ansätzen. Außer den Briefen und den Aufzeichnungen von Gesprächen mit ihm gibt es von Schiller keinerlei autobiographisches Material,[2] keinen Blick des reifen Mannes in die Tage der Kindheit, wie wir ihn von Goethes »Dichtung und Wahrheit« kennen, wo auch schon früh auftauchende Motive eines Lebens sichtbar werden.

Versucht man dennoch Kindheitsereignisse zu fassen, die Künftiges ankündigen, so wird die durch seine Schwester Christophine überlieferte Szene aus der Kinderzeit in Lorch

1 Vgl. dazu auch das Zitat aus dem Brief an Körner S. 31.

2 Ein kleiner Ansatz dazu ist die autobiographische Skizze, die Schiller in der *Ankündigung der rheinischen Thalia* gegeben hat. Vgl. SW 5,855 f. Zudem hat Hugo von Hofmannsthal den Versuch unternommen, Selbstzeugnisse Schillers im Sinne einer »Autobiographie« zusammenzustellen: *Schillers Selbstcharakteristik.* Aus seinen Schriften nach einem älteren Vorbild neu hrsg. von Hugo von Hofmannsthal, Frankfurt a. M. 1955. Zu weiterem biographischem Material s. den Abschnitt »Dokumente« in den Literaturhinweisen.

dazugehören: Der sechsjährige Bruder, mit einer schwarzen Schürze bekleidet und auf einem Stuhl stehend, macht den Prediger nach, der nicht nur Geschwistern und Spielgefährten fromme Lieder und Sprüche auslegt, sondern bei mangelnder Aufmerksamkeit seiner »Gemeinde« auch Strafpredigten hält. Da scheint sich eine Begabung zu zeigen, denn man könnte diese Szene, entgegen üblicher Auffassung, auch so auslegen, daß sich hier eher eine rhetorisch-didaktische Neigung als der Wunsch, Geistlicher zu werden, ankündige.

Dennoch waren die Eltern überzeugt davon, daß der einzige Sohn Geistlicher werden sollte. Doch dieser sehnliche Wunsch wurde bald von dem Wunsch des Landesherrn Herzog Karl Eugen von Württemberg durchkreuzt, der den begabten Sohn seines Untertanen auf der herzoglichen »Militär-Pflanzschule«, der späteren Hohen Karlsschule, zum Offizier oder Beamten formen lassen wollte.

Zwischen dem 14. und dem 21. Lebensjahr waren Zwang, Drill, Entbehrung und demütigende Strafen für kleinste Vergehen gegen die strenge Schulordnung tägliche Erfahrung für den jungen Schiller – so etwas kann einen Menschen zerbrechen oder ihn zum Empörer machen und ihn stark im Ertragen werden lassen. Für Schiller trifft mit Sicherheit das letztere zu.

Er bäumte sich auf, und er lernte zu ertragen und das Ertragene zu reflektieren. Im Ertragen Würde zu behalten, dazu verhalf ihm aber auch die Dichtung. So sagt er 1785, auf die Karlsschule zurückblickend: »Acht Jahre lang rang mein Enthusiasmus mit der militärischen Regel, aber Leidenschaft für die Dichtung ist feurig und stark, wie die erste Liebe. Was sie ersticken sollte, fachte sie an.«[3]

Er schreit es als Karl Moor in den *Räubern* in die Welt hinaus: »Warum sind Despoten da? Warum sollen sich tausende und wieder tausende unter die Laune Eines Magens

3 Ankündigung der *Rheinischen Thalia,* SW 5,855.

Nachdeme es Seiner regierenden Herzoglichen Durchlaucht zu Würtemberg gnädigst gefällig gewesen, unsern Sohn

Johann Christoph Friedrich Schiller

in die Herzogliche Militair-Akademie zu unserer unterthänigsten Danksagung in Gnaden aufzunehmen, nach den Grund-Gesezen dieses Herzoglichen Instituts aber erforderlich wird, daß ein dahin eintrettender Elev sich gänzlich den Diensten des Herzoglichen Würtembergischen Hauses widme, und ohne darüber zu erhaltende gnädigste Erlaubnuß aus denselben zu tretten nicht befugt seyn, auch hierüber von beederseitigen Aeltern ein Revers ausgestellt werde; so haben Wir Uns dessen um so weniger entbrechen wollen, vielmehr versprechen wir, daß obbenannter unser Sohn dieser Einrichtung so wohl, als allen übrigen Gesezen und Anordnungen des Instituts auf das genaueste nachzuleben geflissen seyn wird. Urkundlich unter unsern eigenhändigen Unterschriften und vorgedrukten angebohrnen Pettschaften. Gegeben Ludwigsburg den 23ten Septembris 1774.

Vater Johann Caspar Schiller
Hauptmann bei dem Herzogl.
General Lieut. von Stain'schen
Infanterie Regiment.

Mutter
Elisabetha Dorothea
gebohrne Kodweißin.

Bereitschaftserklärung der Eltern zum Eintritt Schillers in herzoglich-württembergische Dienste, 23. September 1774

krümmen, von seinen Blähungen abhängen? – Das Gesetz bringt es so mit sich – Fluch über das Gesetz, das zum Schneckengang verderbt, was Adlerflug worden wäre!«, und als Ferdinand in *Kabale und Liebe* provoziert er den Vater selbstbewußt: »Weil meine Begriffe von Größe und Glück nicht ganz die Ihrigen sind – *Ihre* Glückseligkeit macht sich nur selten anders als durch Verderben bekannt.« Manchmal klingt das schrill und wirr, aber doch begeisternd für die, die es auf der Bühne damals miterlebten und die Gründe für den Aufschrei nachempfinden konnten.
Und etwas später argumentiert er leidenschaftlich idealistisch, doch auch besonnen überzeugend als Marquis Posa im *Don Carlos*: »Sire, geben Sie Gedankenfreiheit«; und noch später, mehr verinnerlicht, als Max Piccolomini im *Wallenstein* gegenüber seinem Vater Octavio: »Dein Weg ist krumm, er ist der meine nicht. [...] / O! hättest du vom Menschen besser stets / Gedacht, du hättest besser auch gehandelt.«
All das sprachlich eindrucksvoll und einprägsam zu sagen, bis hin zum Predigtton, das war sicher auch die stetig gewachsene Begabung des kleinen Redners, der einst in Lorch mit der schwarzen Schürze auf dem Küchenstuhl stand und den Prediger nachmachte.
Im realen Leben muß Schiller eher ein schlechter Redner und Vorleser gewesen sein, zumindest sprach er stark schwäbisch eingefärbt und besaß »ein etwas hohles Organ«[4]. Seine katastrophale Präsentation des *Fiesco* vor versammelter Theaterprominenz im September 1782 in Mannheim spricht jedenfalls dafür. Die im Bild überlieferte Lesung aus seinen *Räubern* für die Freunde aus der Karlsschule im Bopserwald bei Stuttgart im Jahre 1778 soll jedoch nach den Berichten der Beteiligten einen begeisternden Interpreten gezeigt haben.

4 Nach einem Bericht von Amalie Voigt über Schillers Vorlesung von *Maria Stuart*, in: *Schillers Persönlichkeit*, hrsg. von Julius Petersen, Tl. 3, Weimar 1909, S. 115.

Und auch seine am 26. Mai 1789 von den Studenten gefeierte Antrittsvorlesung an der Universität Jena wird nicht nur ihres Inhaltes wegen mit Ovationen bedacht worden sein. Seine große Begeisterungsfähigkeit muß also in bestimmten Situationen diese Mängel zurückgedrängt haben.
Verfolgt man Schillers lebenslange Neigung zum philosophischen Gedanken in seiner Biographie zurück, so gerät man wieder in die Bedrückungen der Karlsschule, die in all ihrem entwürdigenden Gehorsamsdrill die Freiheit und die Klarheit des Gedankens zwar unterdrückte, aber auch herausforderte, nicht zuletzt deshalb, weil Schiller von bedeutenden Lehrern, fast Freunden, ja vielleicht sogar ›Ersatzvätern‹, begleitet und angespornt wurde. Das gilt vor allem für seinen Lehrer Professor Jakob Friedrich Abel (1751–1829) und dessen seit 1778 für Schiller so wichtig gewordene philosophische Vorlesungen.
Im November 1780 reichte Schiller auf der Karlsschule seine zweite medizinische Abschlußarbeit ein. Die Dissertation des einundzwanzigjährigen Dichters, der zu dieser Zeit noch an den *Räubern* arbeitete, zeigte bereits Gedanken, die ein Jahrzehnt später in den philosophischen Schriften und Gedichten dann ausreifen. In dieser auf deutsch abgefaßten Arbeit mit dem Titel *Versuch über den Zusammenhang der tierischen Natur des Menschen mit seiner geistigen* trägt der § 11 die Überschrift »Aus der Geschichte des Menschengeschlechts«. Dort findet sich die wichtige und auch ihm – das zeigt die Einleitungsformel – wohl wichtig erscheinende Passage: »Noch einmal also: der Mensch mußte Tier sein, eh er wußte, daß er ein Geist war, er mußte am Staube kriechen, eh er den Newtonischen Flug durchs Universum wagte. *Der Körper also, der erste Sporn zur Tätigkeit; Sinnlichkeit die erste Leiter zur Vollkommenheit*« (SW 5,305 f.).
Geradezu als Vorwegnahme von Gedanken, die er 1795 in seinem Gedicht *Der Spaziergang* entwickelt, erscheint auch der Abschnitt, in dem er, wieder mit dem ihm eigenen rhe-

torischen Schwung, über die Menschheitsentwicklung sagt: »Die Kollision der tierischen Triebe stößt Horden wider Horden, schmiedet das rohe Erz zum Schwert, zeugt Abenteurer, Helden und Despoten. Städte werden befestigt, Staaten errichtet, mit den Staaten entstehen bürgerliche Pflichten und Rechte, Künste, Ziffern, Gesetzbücher, schlaue Priester – und Götter. Und nun die Bedürfnisse ausgeartet in Luxus – welch unermeßliches Feld eröffnet sich unserm Auge! Itzt werden die Adern der Erde durchwühlt, itzt wird der Grund des Meeres betreten, Handel und Wandel blühen« (ebd., 304 f.).

Doch der examinierte Mediziner und Philosoph, der 1780 in dürftiger wirtschaftlicher Situation Regimentsarzt in Stuttgart geworden ist, meldet sich in diesen Jahren nicht nur als Dramendichter, sondern auch als Lyriker zu Wort. Seine erste Gedichtsammlung, die *Anthologie auf das Jahr 1782,* ist ein kritisches Konkurrenzunternehmen zu dem von Gotthold Friedrich Stäudlin ein halbes Jahr vorher herausgegebenen *Schwäbischen Musenalmanach auf das Jahr 1782*, in das, gekürzt, nur ein Gedicht Schillers, *Die Entzückung an Laura,* aufgenommen worden war. Schiller hat in seiner *Anthologie* 83 Gedichte veröffentlicht, von denen weit über die Hälfte von ihm selbst ist, der Rest stammt von seinen Freunden.

Diese Gedichte Schillers sind formal und inhaltlich höchst unterschiedlich. Neben Liebesgedichten (›Lauragedichte‹) finden sich Satiren, kritische Epigramme und Gedichte zu bestimmten Anlässen, wie z. B. die *Elegie auf den Tod eines Jünglings* (anläßlich des Todes seines ehemaligen Mitschülers Johann Christian Weckerlin im Jahre 1781), und scharfe zeitkritische Gedichte. In diesen Zusammenhang gehört ein Gedicht mit dem Titel *Die schlimmen Monarchen.* Es ist in gewisser Weise auch eine Abrechnung mit den Erlebnissen auf der Karlsschule und eine Anklage des Herzogs und schließt nach vielen sehr polemischen Strophen in Form einer Kampfansage an Fürstenwillkür: »Berget immer die er-

habne Schande / Mit des Majestätsrechts Nachtgewande! / Bübelt aus des Thrones Hinterhalt! / Aber zittert für des Liedes Sprache, / Kühnlich durch den Purpur bohrt der Pfeil der Rache / Fürstenherzen kalt« (SW 1,104 ff.).[5]
Schiller hatte noch Rachepfeile in seinem Köcher, als er den Entschluß faßte, den eng begrenzten Raum seiner Kindheit und Jugend zu verlassen – nicht freiwillig. Er fühlte sich vertrieben, weil ihm vom Herzog nach der ›Affäre‹ der *Räuber*-Aufführung verboten worden war, das zu sein, wonach er seit Jahren strebte: Dichter. Und als er am Abend des 22. September 1782 unter dem falschen Namen Dr. Ritter in Stuttgart durch das Esslinger Tor in Richtung Mannheim fuhr und in der Ferne die Festbeleuchtung auf der Solitude sah, mit der der Herzog seine russischen Staatsgäste unterhielt, da hatte er als Rachepfeil gegen den Herzog die im Entstehen begriffene *Luise Millerin* mit ihrer scharfen Kritik an den Zuständen im Herzogtum Württemberg im Gepäck. Daneben lag *Die Verschwörung des Fiesco zu Genua* als sein neues Stück und eine überaus schmale Reisekasse, die ihn ohne die Unterstützung seines mit ihm reisenden Freundes Andreas Streicher in den kommenden Wochen bald vor dem wirtschaftlichen Nichts hätte stehen lassen.[6] Hier wird wieder eine für ihn wichtige Lebenserfahrung sichtbar: in Lebensumbrüchen und Lebenskrisen auf Freunde bauen zu können. Er sagt das einmal selbst in einem Brief an die Gräfin Schimmelmann vom 23. November 1800: »Was ich Gutes haben mag, ist durch einige we-

5 Vgl. dazu Georg Kurscheidt, »Die Zornigen Dichter«, in: *Interpretationen: Gedichte von Friedrich Schiller*, hrsg. von Norbert Oellers, Stuttgart 1996, S. 27–47. Wird dieses Gedicht, wie Kurscheidt es tut, als maßlos, geschmacklos und dilettantisch bezeichnet, so beruht das Urteil auf ästhetischen Maßstäben, die dem Betroffenheitsgestus des Gedichts, trotz aller Überhitzung in der Aussage, nicht genügend Gerechtigkeit widerfahren lassen.
6 Vgl. zu der ganzen Reise: *Schillers Flucht.* In Selbstzeugnissen, zeitgenössischen Berichten und Bildern dargestellt von Herbert Meyer, Mannheim 1959, sowie Andreas Streicher, *Schillers Flucht von Stuttgart und Aufenthalt in Mannheim von 1782 bis 1785*, hrsg. von Paul Raabe, Stuttgart 1968.

nige vortreffliche Menschen in mich gepflanzt worden, ein günstiges Schicksal führte mir dieselben in den entscheidenden Perioden meines Lebens entgegen, meine Bekanntschaften sind auch die Geschichte meines Lebens« (NA 30, 213). Es ist nicht anzunehmen, daß sich das nur auf die Begegnungen mit den Großen der Zeit, auf Goethe und Wilhelm von Humboldt, und nur auf geistige Gaben bezieht.
Für Schiller bedeutete dieser schmerzliche Schritt in die Fremde einen Mißerfolg. Von Dalberg, der Mannheimer Intendant, war noch auf Reisen in Stuttgart, und so mußte er die Zeit überbrücken, um von ihm eine endgültige Stellungnahme zum *Fiesco* und hinsichtlich einer von ihm gewünschten Mitarbeit am Theater zu erhalten.
Nach ruhelosem Umherwandern von Mannheim nach Darmstadt, Frankfurt, Worms und schließlich nach Oggersheim, immer die Verfolgung des Herzogs fürchtend, das wachsende Manuskript der *Luise Millerin* und die ihm aufgetragene lästige Bearbeitung des *Fiesco* im Reisegepäck, begleitet, finanziell unterstützt und moralisch gestärkt von dem treuen Freund Streicher, kommt es am 25. November 1782 zum endgültigen schmerzlichen Abschied von der Familie auf der Poststation in Bretten. Er nimmt das Angebot der Frau von Wolzogen an, auf ihrem Gut in Bauerbach in Thüringen Unterkunft und Ruhe für die Arbeit zu finden. Seine Schwester Christophine hält als Eindruck beim Abschied fest, er sei »äußerst heiter, voll Hoffnung für die Zukunft« gewesen.
In der Abgeschiedenheit Bauerbachs entstanden die Umarbeitung des *Fiesco*, die *Luise Millerin* und die ersten Vorarbeiten zu *Don Carlos*.
Der Mannheimer Intendant von Dalberg, der zunächst die Rache des Herzogs gefürchtet hatte, zeigte nun wieder Interesse an Schillers Arbeit und winkte mit der Aussicht, in Mannheim Theaterdichter zu werden. So reiste Schiller am 24. Juli 1783 nach Mannheim und wurde am Theater angestellt. Er beendete die Bühnenbearbeitungen des *Fiesco*

und der *Luise Millerin,* die auf Vorschlag des Schauspielers Iffland den zugkräftigeren Titel *Kabale und Liebe* erhielt. Das Stück wurde am 13. April 1784 in Frankfurt uraufgeführt und in Schillers Bearbeitung – sie ist im *Mannheimer Soufflierbuch*[7] erhalten – am 15. April in Mannheim erstaufgeführt. Auch der *Fiesco* kam auf die Bühne, ihm war aber kein Erfolg beschieden. In diesem Stück, das Schiller im Untertitel *Ein republikanisches Trauerspiel* nennt, gestaltet er die Tragödie eines aristokratischen Revolutionärs, der die Republik verficht und dann doch der Macht erliegt und sich selbst zum Herzog macht.

In Mannheim schritt die Arbeit an *Don Carlos* weiter voran, und aus dem Vortrag *Vom Wirken der Schaubühne auf das Volk* hervorgehend entstand der Aufsatz *Was kann eine gute stehende Schaubühne eigentlich wirken*, der Schiller als ›Volkserzieher‹ zeigt und in der von ihm gegründeten Zeitschrift *Rheinische Thalia* veröffentlicht wurde. Diesen Aufsatz übernahm er später in die Werke unter dem Titel *Die Schaubühne als moralische Anstalt betrachtet* auf. Auch hier entwickelte Schiller Gedanken, die erst später ausreiften. Auf der einen Seite sieht er das Theater noch als »Gerichtshof« für Mißstände der Zeit im Sinne seiner Erstlingsdramen, also moralisierend-verurteilend, auf der anderen ist es für ihn die Einrichtung, »wo sich Vergnügen mit Unterricht, Ruhe mit Anstrengung, Kurzweil mit Bildung gattet, wo keine Kraft der Seele zum Nachteil der andern gespannt, kein Vergnügen auf Unkosten des Ganzen genossen wird« (SW 5,831). Die Bühnenkunst als ›Erziehungsmittel‹ erscheint also auch schon als eine Möglichkeit der Gesellschaftsveränderung, wie sie später in den ästhetischen Schriften für die Kunst insgesamt eingefordert wird.

Der Mißerfolg des *Fiesco* brachte Schiller erneut in finanzielle Schwierigkeiten. Als dann der Mannheimer Intendant von Dalberg ihm auch noch den Vertrag als Theaterdichter

7 *Das Mannheimer Soufflierbuch*, hrsg. und interpretiert von Herbert Kraft, Mannheim 1963.

kündigte, befand er sich in einer sehr bedrängenden Lage. Um so bereitwilliger folgte er im Frühling 1785 einer Einladung des Konsistorialrates Christian Gottfried Körner und seiner Freunde und fuhr am 9. April mit geliehenem Geld nach Leipzig, in dem Bewußtsein, »diese Menschen gehören dir, diesen Menschen gehörest du«. Wieder ein Umbruch, durch Freunde unterstützt.

In Leipzig begann er erneut an seinem 1782 begonnenen *Don Carlos* zu arbeiten; nach dem *Fiesco* war es sein zweites ›historisches‹ Drama. Als Körner im Herbst nach Dresden zog, folgte Schiller nach. Anfang 1786 erschien, als Fortführung der in Mannheim gegründeten *Rheinischen Thalia,* die Zeitschrift *Thalia*, die fast nur Texte Schillers enthielt, so die Erzählung *Verbrecher aus Infamie* – später *Der Verbrecher aus verlorener Ehre* –, drei Szenen aus dem 2. Akt des *Don Carlos* und das im November 1785 als Huldigung an Körner gedachte Gedicht *An die Freude.*

In den folgenden Heften der *Thalia* erschienen dann Szenen des 2. und des 3. Aktes von *Don Carlos* sowie in Fortsetzungen die Erzählung *Der Geisterseher* und die *Philosophischen Briefe*, hinter deren Schreibern Julius und Raphael sich Schiller und Körner verbergen; diese *Briefe* waren ein Zeugnis der neuen Freundschaft.

Doch alle Arbeiten jener Zeit sind eher Broterwerb und Erprobung neuer Formen. Am 15. April 1786 schreibt er an Körner: »Täglich wird mir die Geschichte teurer. [...] Ich wollte, daß ich zehen Jahre hintereinander nichts als Geschichte studiert hätte. Ich glaube ich würde ein ganz anderer Kerl sein. Meinst Du, daß ich es noch werde nachholen können?« (NA 24,45).

Es scheint so, als empfinde er einen Rückgang seiner Schaffenskraft und suche nach neuen Quellen.

Dieses Gefühl des inneren Stillstandes wird noch deutlicher in einem Brief an Ludwig Ferdinand Huber, der zum Freundeskreis um Körner gehörte: »Ich bin jetzt fast untä-

Christian Gottfried Körner.
Pastell von Dorothea Stock nach dem Gemälde von Anton Graff

tig. [...] Kein Pulsschlag der vorigen Begeisterung [...], die Lichter meiner Phantasie sind ausgelöscht. Sonderbar, fast jedes Erwachen und jedes Niederlegen nähert mich einer Revolution, einem Entschlusse um einen Schritt mehr, den ich beinahe als ausgemacht vorhersehe. Ich bedarf einer Krisis – die Natur bereitet eine Zerstörung, um neu zu gebären. Kann wohl sein, daß *Du* mich nicht verstehst, aber *ich* verstehe mich schon. Ich könnte des Lebens müde sein, wenn es der Mühe verlohnte zu sterben« (Brief vom 1. Mai 1786, NA 24,51 f.).

Worin besteht diese Revolution, diese Krise? Gewiß auch in dem Bedürfnis, das Spontane, Genialische der Jugend durch systematischere Denkarbeit umzuformen, abzulösen. Dazu verhalf ihm die Beschäftigung mit Geschichte und Philosophie, die nun einsetzte. Goethe mag das ebenfalls so empfunden haben, als er gegenüber Eckermann sehr viel später in Zusammenhang mit dem *Wallenstein*, der ja das große historische Drama Schillers ist, sagte: »Um sich nun aufzuerbauen, griff Schiller zu zwei großen Dingen: zur Philosophie und Geschichte«, wobei er nicht zögerte hinzuzufügen, »daß eben die beiden gewaltigen Hülfen [...] seinen rein poetischen Sukzeß hindern«[8].

Als ob Umwege notwendig seien, um ans Ziel seines Wirkens zu kommen, reiste Schiller am 20. Juli 1787 nach Weimar und näherte sich damit nach seinem Bauerbacher Aufenthalt von 1782/83 erneut diesem Zentrum des deutschen Geisteslebens (Goethe, Herder, Wieland) an. Er fand dort allerdings eine in sich festgefügte Welt, zu der, besonders zu der Goethes, er nur ganz allmählich Zugang bekam, vielleicht auch als Folge seiner eigenen allmählichen Veränderung.

Die historischen Vorarbeiten zu *Fiesco* und *Don Carlos* waren zwar nicht eigentlich Geschichtsstudien, doch immerhin Ausgangspunkt für eine nun einsetzende gründlichere Be-

8 Johann Peter Eckermann, *Gespräche mit Goethe*, hrsg. von Fritz Bergemann, Wiesbaden 1955, S. 247.

Schillers Garten in Jena.
Zeichnung von Johann Wolfgang Goethe

schäftigung mit Geschichte. Es gab im wesentlichen zwei Gründe für diese Hinwendung zur Geschichte: Einmal wurde Schiller während der Arbeit an *Don Carlos* klar, daß es auch für den Dramatiker sehr wichtig ist, solide historische Kenntnisse zu besitzen, zum andern sah er seine wirtschaftliche Situation und seinen Erfolg als Dichter sehr nüchtern, nämlich unbefriedigend. So schreibt er an Körner am 7. Januar 1788: »Mit der Hälfte des Wertes, den ich einer historischen Arbeit zu geben weiß, erreiche ich mehr Anerkennung in der sogenannten gelehrten Welt als mit dem größten Aufwande meines Geistes für die Frivolität einer Tragödie« (NA 25,2).

Über den inhaltlichen Zusammenhang der nun begonnenen *Geschichte des Abfalls der vereinigten Niederlande von der spanischen Regierung* mit der Arbeit am *Don Carlos* äußert sich Schiller in der Vorrede zur ersten Auflage der *Geschichte* (1788). Er spricht dort von der begeisternden Wirkung, die der Aufstand des niederländischen Volkes in der

Darstellung des englischen Historikers Watson[9] auf ihn gemacht habe, dessen Werk er in der letzten Phase der Arbeit an *Don Carlos* gelesen hat: »Diese Wirkung wünschte ich bleibend zu machen, zu vervielfältigen, zu verstärken; diese erhebenden Empfindungen wünschte ich weiter zu verbreiten und auch andere Anteil daran nehmen zu lassen. Dies gab den ersten Anlaß zu dieser Geschichte, und dies ist auch mein ganzer Beruf, sie zu schreiben« (SW 4,29).

Außer den beiden schon angeführten Gründen der Kenntniserweiterung und des Broterwerbs führt Schiller hier aber noch einen weiteren Grund für die Entstehung des Werkes an, ja er erklärt sogar, das sei der Hauptgrund. Man könnte ihn ähnlich wie bei dem Aufsatz aus der *Rheinischen Thalia* über die Wirkung des Theaters auf das Volk wieder den »erzieherischen Aspekt« nennen. Also nicht nur der Dramatiker will (moralisch) erziehen, sondern auch der Historiker.

Die praktische Folge dieses Werkes, das 1788 veröffentlicht wurde, war eine durch Goethe vermittelte Geschichtsprofessur in Jena, zwar ohne Gehalt, doch mit Aussicht auf eine bescheidene Verbesserung der wirtschaftlichen Grundlage durch die Kolleggelder der Studenten und auf Förderung des gesellschaftlichen Ansehens. Das wiederum war die Voraussetzung für die Heirat mit Charlotte von Lengefeld, was ihm ein Stück langersehntes privates Glück bedeutete.

Neben einer Reihe kleinerer historischer Abhandlungen,[10] die vor allem in den Jahren 1788–90 entstanden, ragt in dieser Zeit Schillers zweites großes historisches Werk, die *Geschichte des Dreißigjährigen Krieges*, hervor. Es geht auf ein Angebot des Leipziger Verlegers Göschen Ende 1789 zu-

9 Robert Watson, *Geschichte der Regierung Philipps des Zweiten*, Lübeck 1788.

10 *Jesuitenregierung in Paraguay* (1788), *Herzog Alba zu Rudolstadt* (1788). Aus Vorlesungen hervorgegangen: *Etwas über die erste Menschengesellschaft* (1790), *Die Sendung Moses* (1790), *Die Gesetzgebung des Lykurgus und Solon* (1790).

rück. Das Werk brachte Schiller zwar große Anerkennung und war der Höhepunkt seiner Tätigkeit als Historiker, doch wurde es ihm als bloße Auftragsarbeit zunehmend, nicht zuletzt durch Krankheit, beschwerlich, ja lästig, so daß er es schließlich 1792 mit einer Art ›Notschluß‹ beendete und wie erlöst von dem Druck am 21. September an Körner schrieb: »Jetzt bin ich frei und will es für immer bleiben. Keine Arbeit mehr, die mir ein anderer auferlegt oder die einen anderen Ursprung hat als Liebhaberei und Neigung« (NA 25,151).

Zusammenfassend kann man zu den beiden großen historischen Arbeiten sagen: Der *Abfall der vereinigten Niederlande* ist ein Ergebnis der Arbeit an *Don Carlos*, die *Geschichte des Dreißigjährigen Krieges* einerseits Vorarbeit zum *Wallenstein*, andererseits aber ein erneuter Versuch, Geschichte idealistisch zu deuten. Vereinfacht etwa mit dem Grundgedanken: Gustav Adolf ist ein moralisch integrer König, Wallenstein ist ein verabscheuenswerter Verräter. Daß er Gestalten der Geschichte so nicht gerecht wurde, sah er, als er eben diesen Wallenstein schon kurze Zeit später als widerspruchsvolle, als tragisch große Figur auf die Bühne brachte. Beide Werke machten den Dichter mit wichtigen Ereignisfeldern der neueren Geschichte vertraut, um sie dann, wie er später einmal sagte, als »Magazin für meine Phantasie« zu benutzen.

Am 26. Mai 1789 hielt Schiller an der Universität Jena seine Antrittsvorlesung als Professor der Geschichte. Er wählte für diese Vorlesung das Thema *Was heißt und zu welchem Ende studiert man Universalgeschichte?* Damit hatte er sich auch als Historiker etabliert und zugleich einen für die Öffentlichkeit neuen, für ihn nur erneuten Blick auf den Nutzen und die moralische Verpflichtung geworfen, die aus der Beschäftigung mit der Geschichte erwachsen. Der eben Dreißigjährige ruft da im Jahr der Französischen Revolution der nachfolgenden Generation begeistert und mit rhetorischer Meisterschaft zu: »Und welcher unter Ihnen, bei dem ein heller Geist mit einem empfindenden Herzen sich gattet, könnte dieser hohen Verpflichtung eingedenk sein, ohne daß sich ein stiller Wunsch in ihm regte, an das *kommende* Geschlecht die Schuld zu entrichten, die er dem vergangenen nicht mehr abtragen kann? Ein edles Verlangen muß in uns entglühen, zu dem reichen Vermächtnis von Wahrheit, Sittlichkeit und Freiheit, das wir von der Vorwelt überkamen und reich vermehrt an die Folgewelt wieder abgeben müssen, auch aus *unsern* Mitteln einen Beitrag zu legen [...]. Wie verschieden auch die Bestimmung sei, die in der bürgerlichen Gesellschaft Sie erwartet – etwas dazusteuern können Sie alle!« (SW 4,766 f.).

In den folgenden Jahren mußte Schiller freilich angesichts des Verlaufs der Revolution im Nachbarland Frankreich, zu dessen Ehrenbürger er im August 1792 ernannt worden war, erkennen, wie ihre Anführer mit dem »Vermächtnis der Vorwelt« umgingen. Der Appell allein genügte offenbar also nicht, sein erzieherischer Ansatz mußte tiefer gehen, es mußten erst theoretische Voraussetzungen für eine mögliche humane Entwicklung geschaffen werden. Dabei konnte er sich freilich auf keinerlei gesellschaftliches Vorbild stützen. Diese Voraussetzungen schuf er in seinen kunsttheoretischen und geschichtsphilosophischen Schriften der nächsten Jahre, in Auseinandersetzung mit der Philosophie Kants als der philosophischen Autorität der Zeit, und immer auch im Blick auf die aktuelle politische Situation.

Nachdem sich Schiller zuerst von der Dichtung zur Geschichtsschreibung gewandt hatte, machte er nun den Schritt vom Historiker zum Philosophen. Was seine Bedeutung als Historiker angeht, so hat die Forschung gegenüber den früheren heftigen Vorwürfen der Unwissenschaftlichkeit inzwischen eine gerechtere Position bezogen: »Der heutige Leser wird in Schillers historischen Schriften weniger wissenschaftliche Erkenntnis als Zeugnisse seines Geistes und seiner Kunst suchen. [...] Schillers historische Schriften haben ihren bestimmten historischen Ort; sie etwa nach den Ergebnissen der heutigen Forschung, wie gelegentlich versucht, ›verbessern‹ zu wollen, würde eine unangebrachte Enthistorisierung und zudem kleinliches, äußerliches Flickwerk bleiben« (SW 4,1004 f.). Schiller selbst hat in einem Brief an Karoline von Beulwitz vom 10. Dezember 1788 dieses Problem angesprochen: »Es fragt sich nur, ob die innere Wahrheit, die ich die philosophische oder Kunstwahrheit nennen will und welche in ihrer ganzen Fülle im Roman oder in einer andern poetischen Darstellung herrschen muß, nicht ebensoviel Wert hat als die historische [...]. Ich werde immer eine schlechte Quelle für einen künftigen Geschichtsforscher sein, der das Unglück hat, sich an mich zu wenden. Aber ich werde vielleicht auf Unkosten der historischen Wahrheit Leser und Hörer finden und hie und da mit jener ersten philosophischen zusammentreffen. Die Geschichte ist überhaupt nur ein Magazin für meine Phantasie, und die Gegenstände müssen sich gefallen lassen, was sie unter meinen Händen werden« (NA 25,154).

Im Jahre 1793 zeigen sich die ersten Ergebnisse der Auseinandersetzung mit Kants Philosophie, es entstehen die Schriften *Über Anmut und Würde* und *Über das Erhabene*. Die kunsttheoretischen Arbeiten Schillers, die auf Kosten jedweder größeren dichterischen Produktion gingen, fanden dann 1795 ihren Schluß und Höhepunkt in den *Ästhetischen Briefen*.

Das Jahr 1794 ist das Jahr der Freundschaft mit Goethe, die das letzte Lebensjahrzehnt Schillers entscheidend bestimmt. Als Spiegelung jenes denkwürdigen Gesprächs zwischen den beiden vom 20. Juli nach einer Sitzung der Naturforschenden Gesellschaft in Jena und seines Briefes vom 23. August, in dem er Goethes Art zu leben und zu denken in prägnanter Weise zusammengefaßt hat, schreibt Schiller an den Freund Körner am 1. September: »Wir hatten vor sechs Wochen über Kunst und Kunsttheorie ein langes und breites gesprochen und uns die Hauptideen mitgeteilt, zu denen wir auf ganz verschiedenen Wegen gekommen waren. Zwischen diesen Ideen fand sich eine unerwartete Übereinstimmung, die um so interessanter war, als sie aus der größten Verschiedenheit der Gesichtspunkte hervorging. Ein jeder konnte dem anderen etwas geben, was ihm fehlte, und etwas dafür empfangen. Seit dieser Zeit haben diese ausgestreuten Ideen bei Goethe Wurzel gefaßt, und er fühlt jetzt ein Bedürfnis, sich an mich anzuschließen, und den Weg, den er bisher einmal und ohne Aufmunterung betrat, in Gemeinschaft mit mir fortzusetzen. Ich freue mich auf einen für mich so fruchtbaren Ideenwechsel« (NA 27, 34 f.).

Damit hat er die Bedeutung dieser Beziehung für beide, deren *Briefwechsel*[11] einen umfangreichen Band ausmacht, sehr treffend charakterisiert.

Doch was ging dem voraus! Dem vertrauten Freunde Körner hat er fünf Jahre vorher in Briefen unumwunden gesagt, wie er sein Verhältnis zu Goethe sah. Berühmtestes und immer wieder angeführtes Zitat: »Dieser Mensch, dieser Goethe ist mir einmal im Wege, und er erinnert mich so oft, daß das Schicksal mich hart behandelt hat. Wie leicht wurde *sein* Genie von seinem Schicksal getragen, und wie muß *ich* bis auf diese Minute noch kämpfen!« (NA 25,222).

Im Lichte dieser nun beginnenden Freundschaft sind dann auch alle weiteren Werke, die Dramen und Balladen zwischen 1795 und 1805 zu sehen; sie entstehen im anregend-kritischen Austausch mit Goethe, im »fruchtbaren Ideenwechsel« (NA 27,35). An erster Stelle ist hier Schillers Arbeit am *Wallenstein* zu nennen. Bei der schwierigen Bewältigung der Stoffmasse ist es der Rat Goethes, der ihn schließlich auf die Lösung einer Trilogie bringt. So schreibt Goethe am 2. Dezember 1797: »Sollte Sie der Gegenstand nicht am Ende noch gar nötigen, einen Zyklus von Stücken

11 *Der Briefwechsel zwischen Schiller und Goethe.* Nach den Handschriften des Goethe- und Schiller-Archivs hrsg. von Hans Gerhard Gräf und Albert Leitzmann, Frankfurt a. M. 1964.

aufzustellen?«[12] Doch auch bei der Entstehung von *Maria Stuart*, der *Jungfrau von Orleans* und besonders bei der von *Wilhelm Tell* verdankte Schiller viel dem regen Austausch mit dem Freund in Weimar. Zu *Wilhelm Tell* hat Goethe sogar die stoffliche Anregung gegeben. In einem Gespräch mit Eckermann erinnert er sich an den Plan zu einem epischen Gedicht über Tell in Hexametern: »Von all dem erzählte ich Schillern, in dessen Seele sich meine Landschaften und meine handelnden Figuren zu einem Drama bildeten. Und da ich andere Dinge zu tun hatte und die Ausführung meines Vorsatzes immer weiter verschob, so trat ich meinen Gegenstand Schillern ab, der denn darauf sein bewunderswürdiges Gedicht [Drama] schrieb.«[13]

Zeugnis einer wirklichen Gemeinschaftsarbeit Goethes und Schillers sind die *Xenien*, bissig-spöttische Zweizeiler (Distichen) auf die unbedarften Kritiker und das kulturelle Niveau der Zeit.

Erschütterndes Dokument für die großen Pläne Schillers in seinen letzten Lebensjahren ist die handschriftlich überlieferte *Große Dramenliste* mit seinen Arbeits-Projekten für die Jahre 1797–1804.[14] Das Werk, das er dort als *Bluthochzeit zu Moskau* notiert hat und das ihm offenbar besonders am Herzen lag, blieb unvollendet. Es ist in einem anderen Projekt-Plan unter dem Titel *Demetrius* aufgeführt. Zu keinem sonstigen Werk Schillers gibt es so viele Vorarbeiten, Notizen und Entwürfe wie gerade zu diesem. Das Stück, an dem er noch auf dem Totenbett gearbeitet hat,[15] behandelt

12 Anm. 11, S. 391.
13 Anm. 8, S. 589.
14 Vgl. SW 3,919.
15 Nach seinem Tod wurde auf seinem Schreibtisch ein Fragment aus dem Monolog der Marfa gefunden, in dem die letzten Verse lauten: »O warum bin ich hier beschränkt, gebunden, / Machtlos mit dem unendlichen Gefühl! / Du ewge Sonne, die den Erdenball / Umkreist, sei du die Botin meiner Wünsche, / Du allverbreitet ungehemmte Luft, / Die schnell die weitste Wanderung vollendet, / O trag ihm meine glühnde Sehnsucht zu! [. . .]«

die Geschichte des sogenannten falschen Demetrius, der sich 1605 als der russische Zar Demetrius V. (1583–91), den von Boris Godunow ermordeten Sohn Iwans des Schrecklichen, ausgab. Es liegen nur der 1. Akt und die ersten drei Szenen des 2. Aktes vor. Daraus und aus den vorhandenen Entwürfen[16] ergibt sich folgende Handlung: Durch einen Betrüger wird Demetrius dazu gebracht, sich selbst für den rechtmäßigen Zaren zu halten. Auf dem Reichstag zu Krakau gewinnt er durch sein Auftreten das polnische Volk für sich. Marfa, die im Kloster lebende Mutter des ermordeten Demetrius, glaubt an ihn. Als er von dem Betrug erfährt und seine Rolle nur noch spielt, verliert er die ›Gabe des Herrschers‹, die ihn so glaubhaft gemacht hat, und wird von den Verschwörern ermordet.

Neben Goethe war in Schillers letztem Lebensjahrzehnt auch Wilhelm von Humboldt von besonderer Bedeutung als Gesprächspartner, Anreger und Kritiker. Er hat in seinem Essay *Über Schiller und den Gang seiner Geistesentwicklung*, der 1830 ursprünglich als Vorwort zu seinem Briefwechsel mit Schiller konzipiert worden ist, einen bemerkenswerten Satz über die Besonderheit von Schillers ganzem Schaffen geschrieben: »Schiller kannte keine andere Beschäftigung als gerade mit Poesie und Philosophie, und die Eigentümlichkeit seines intellektuellen Strebens bestand gerade darin, die Identität ihres Ursprungs zu fassen und darzustellen.«[17]

Humboldt weist hier auf Schillers zweifaches Bemühen hin, Dichter *und* Philosoph zu sein und dabei nicht nur die gemeinsame Wurzel von Dichtung bzw. Kunst und Philosophie aufzuweisen, sondern auch Wege zu suchen, auf

16 Die heutigen Ausgaben stützen sich auf die Texte der verschiedenen Entwurfsphasen, in denen sich eine Szenenfolge erkennen läßt. Es handelt sich um die »Reichstagsfassung« (ab März 1805) sowie die »Studienhefte« (März – November/Dezember 1804), die »Skizzen« (November – Dezember 1804) und das »Szenar« (November/Dezember 1804 – März 1805).

17 Wilhelm von Humboldt, *Über Schiller und den Gang seiner Geistesentwicklung*, Marbach a. N. 1952, S. 27.

denen sie wieder zusammengeführt werden können. Doch wurde ihm gerade der Anspruch, auch Philosoph zu sein, immer wieder streitig gemacht – bis heute. Diese verengende Einschätzung vieler Leser und Kritiker teilt er mit seinem Freund Goethe, der sich in seinen ihm so am Herzen liegenden naturwissenschaftlichen Arbeiten ebenfalls mehr abgelehnt als verstanden sah – ebenfalls bis heute.
Auf Schiller wartete eine verheerende Wirkungsgeschichte. Noch früher als Goethe ist er zum sterilen Nationaldichter in Gips, ist seine Dichtung zum Steinbruch für bildungsbürgerliche Zitate in jeder Lebenslage geworden. Dabei hat *Wilhelm Tell*, sein wohl populärstes Werk, eine besonders traurige Rolle spielen müssen, bis hin zur Banalisierung in der Heimwerkerwerbung: »Die Axt im Haus erspart den Zimmermann.«
Der Mißbrauch, Schiller als ›Nationaldichter‹ auszurufen, war vor allem in der Wilhelminischen Zeit die Regel, und gerade der Deutschunterricht trug ein gerüttelt Maß dazu bei. Doch auch die Nazipropaganda und die DDR-Kulturpolitik haben sich dieses ihnen eigentlich ›gefährlichen‹ Dichters bedient und ihn entweder in besonderer Perversion als »Kampfgenosse Hitlers«[18] oder aber als »nationales Erbe des ersten deutschen Arbeiter- und Bauernstaates« für ihre Zwecke mißbraucht und ›umgebogen‹.
Will man Schillers Werk bis 1795 unter dem Gesichtspunkt einer sichtbar werdenden Entwicklung gliedern, so bietet sich eine ›Problemgliederung‹[19] in Anlehnung an die *Philosophischen Briefe* an. Dort heißt es in der »Vorerinnerung«: »Skeptizismus und Freidenkerei sind die Fieberparoxysmen des menschlichen Geistes und müssen durch eben die unnatürliche Erschütterung, die sie in gut organisierten Seelen

18 Hans Fabricius, *Schiller als Kampfgenosse Hitlers. Nationalsozialismus in Schillers Dramen*, Berlin 1934.

19 Jürgen Bolten hat diesen Vorschlag gemacht. Vgl. dazu: *Schillers Briefe über die ästhetische Erziehung*, hrsg. von Jürgen Bolten, Frankfurt a. M. 1984, S. 11.

verursachen, zuletzt die Gesundheit befestigen helfen. [...] Aber diese Zweifel, diese Irrtümer vorzutragen, war notwendig; die Kenntnis der Krankheit mußte der Heilung vorangehen« (SW 5,337).

Das Jugendwerk 1776–84 würde dann solche Fieberkrämpfe (Paroxysmen) zeigen. – *Die Räuber*, *Kabale und Liebe* und die Gedichte der *Anthologie* lassen sich so durchaus bildhaft beschreiben. Schiller steht distanzlos und auch ›ratlos‹ in der Misere der Zeit. Seine Figuren Karl Moor (auch Franz Moor) und Ferdinand von Walter winden sich in Krämpfen, schreien ihren Schmerz hinaus und gehen schließlich zugrunde.

Die erzählenden und die historischen Prosaschriften der Zeit zwischen 1785 und 1795 lassen eine Distanzierung des Dichters und etwas von der Diagnose, von der »Kenntnis der Krankheit« erkennen. Ein Marquis Posa besitzt einen diagnostischen Blick für die Zeit und ihre Krankheiten, und die historischen Schriften zeigen den reflektierenden Schiller, der Zusammenhänge aufspürt und nach Ursachen sucht. Auch *Der Verbrecher aus verlorener Ehre* ist ein Versuch der dichterischen Ursachenforschung.

Die Heilung schließlich wird Schritt für Schritt in den philosophischen Schriften der Jahre 1791–95 entwickelt, in ausgeformtester Weise in den *Ästhetischen Briefen.*

Wie wäre auf diesem Hintergrund das letzte Lebensjahrzehnt zu betrachten? Rückkehr zur Dichtung und Versuch, den Heilungsprozeß durch das eigene Dichten im Sinne einer »ästhetischen Erziehung« zu fördern – aber auch Skepsis, vielleicht Resignation in der *Nänie*?[20]

In seinem Gedicht *Die Ideale,* dem ersten dichterischen Werk nach der philosophischen Phase, hat Schiller 1795 einen nüchternen Blick auf sein Leben und sein Werk geworfen: »Es dehnte mit allmächtgem Streben / Die enge Brust ein kreisend All, / Herauszutreten in das Leben / In Tat und

20 Vgl. Anm. 5.

Wort, in Bild und Schall. / Wie groß war diese Welt gestaltet, / Solang die Knospe sie noch barg, / Wie wenig, ach! hat sich entfaltet, / Dies wenige, wie klein und karg!«
Doch folgen dieser Strophe, die durchaus resignativ klingt, sechs weitere, von denen die beiden letzten in die Zukunft schauen und die bange Frage stellen, welche Begleiter es nach des »Weges Mitte« auf dem »finstern Weg« zu dem »finstern Haus« wohl noch geben kann. Und er nennt die Freundschaft, die »liebend« bei ihm ausharren wird: »Du, die du alle Wunden heilest, / Der Freundschaft leise, zarte Hand, / Des Lebens Bürden liebend teilest / Du, die ich frühe sucht' und fand [...].« Es ist sehr wahrscheinlich, daß die in dieser Zeit eben wachsende Freundschaft mit Goethe hier Ausdruck findet.
Und dann die Schlußstrophe. Ihre Aussage bestätigt die These vom geduldigen Anwenden der Therapie, von der Arbeit am Heilungsprozeß durch die Kunst. Denn als zweite Begleiterin auf dem »finstern Weg« wird neben der Freundschaft die »Beschäftigung«, die Arbeit genannt. Sie verbindet sich »gern« mit der Freundschaft – auch das ein möglicher Hinweis auf Goethe, der durch seine eigene Arbeit und durch Anregung und Kritik an dieser langsamen »Heilung« mitarbeitet: »[...] Beschäftigung, die nie ermattet, / Die langsam schafft, doch nie zerstört, / Die zu dem Bau der Ewigkeiten / Zwar Sandkorn nur für Sandkorn reicht, / Doch von der großen Schuld der Zeiten / Minuten, Tage, Jahre streicht« (SW 1,190).

III. Interpretationen

1. Lyrik

Schillers früheste erhaltene dichterische Versuche sind fast ausschließlich lyrischer Art. Das erste 1776 veröffentlichte Gedicht trägt den für die deutsche Literatur so ›urlyrischen‹ Titel *Der Abend* und beginnt mit den Versen: »Die Sonne zeigt, vollendet gleich dem Helden, / Dem tiefen Tal ihr Abendangesicht, / (Für andre, ach! glückselgre Welten / Ist das ein Morgenangesicht) [...].« Und dennoch galt und gilt Schiller im Bewußtsein der meisten seiner Leser als der von Anfang an *dramatische* Dichter. Er selbst hat letztendlich dazu beigetragen, wenn er in einer oft zitierten Briefstelle aus dem Jahre 1800 äußert: »Das lyrische Fach sehe ich eher für ein Exilium, als für eine eroberte Provinz an. Es ist das kleinlichste und undankbarste unter allen. Zuweilen ein Gedicht lasse ich mir gefallen, wiewohl mich die Zeit und Mühe, die mir die *Künstler* gekostet haben, auf viele Jahre davon abschrecken. Mit dem Dramatischen will ich es noch auf mehrere Versuche ankommen lassen« (an Körner, 26. Februar 1789, NA 25,211 f.). Und er schreibt das zu einer Zeit, als eine Phase erfolgreicher lyrischer Produktion fast hinter ihm liegt.

Zudem ist seine Lyrik in der Literaturgeschichte häufig unterschätzt und als bloße ›Gedankenlyrik‹ abgetan worden. Es ist u. a. das Verdienst Hans Mayers[1], die Besonderheit und den besonderen Wert von Schillers Lyrik herausgearbeitet zu haben. Mayer wendet sich vor allem gegen den seiner Ansicht nach ungerechterweise angelegten Maßstab der Erlebnislyrik im Sinne Goethes und setzt dagegen: »Er hat sich dieses Alternieren von Überschwang und Resignation als Thema erwählt: Schiller kennt nicht die höchste Erfül-

1 Hans Mayer, »Schillers Lyrik und die Traditionen deutscher Lyrik«, in: H. M., *Versuche über Schiller*, Frankfurt a. M. 1987, S. 117–142.

lung im Augenblick. Bei Goethe ist der erfüllte Augenblick als Erfüllung und damit als Glück verstanden. Schiller entdeckt am Augenblick vor allem seine Flüchtigkeit: das Vergehende in ihm. [...] Immer wieder die gleichen scharfen Antithesen in diesem lyrischen Werk, die auf den stets gleichen Sachverhalt, der doch wohl ein Lebenstatbestand des Menschen Schiller gewesen sein muß, zurückgeführt werden: Hoffnung und Genuß, Glück und Verdienst, Sinnenglück und Seelenfrieden.«[2] Eben das läßt sich schon in dem oben zitierten Gedichtanfang beobachten: Dem großen Bild von der untergehenden Sonne, »vollendet gleich dem Helden«, stellt Schiller »glückselgre Welten« gegenüber, für die das »Abendangesicht« ein »Morgenangesicht« ist, also nicht Vollendung im Abschied, sondern verheißungsvolle Ankunft, die die Zukunft birgt.

An die Freude. Das Gedicht ist im Herbst 1785 entstanden und erschien 1786 in Schillers Zeitschrift *Thalia.* Die Fassung, die er dann im 2. Teil der *Gedichte* 1803 veröffentlicht hat, weicht von der Urfassung an einigen Stellen ab: Zeile 6: »die Mode streng« statt früher »der Mode Schwert«; Zeile 7: »Alle Menschen werden Brüder« statt »Bettler werden Fürstenbrüder«. Außerdem fehlen die beiden ursprünglichen Schlußstrophen: »Rettung von Tyrannenketten, / Großmut auch dem Bösewicht, / Hoffnung auf den Sterbebetten, / Gnade auf dem Hochgericht! / Auch die Toten sollen leben! / Brüder trinkt und stimmet ein, / Allen Sündern soll vergeben, / Und die Hölle nicht mehr sein.
Chor: Eine heitre Abschiedsstunde! / Süßen Schlaf im Leichentuch! / Brüder – einen sanften Spruch / Aus des Totenrichters Munde!«
Durch Beethovens Vertonung am Ende seiner IX. Symphonie und verschiedene Pop-Versionen eben dieser Vertonung

2 Ebenda, S. 136 f.

ist das Gedicht heute, auch im Ausland, einer der bekanntesten Texte Schillers – ohne daß bisweilen der Verfasser überhaupt gekannt wird.

Das Gedicht entstand nach der biographischen Zäsur des endgültigen Abschieds von der Heimat und ist wohl Ausdruck für die beglückende Freundschaft mit Körner und seinem Kreis in Leipzig. Hier hatte er mehr denn je zuvor, nach den Freunden aus der Karlsschule, Menschen getroffen, die ähnlich wie er empfanden und die ihn liebten und schätzten. Vielleicht liegt der Ursprung dieser Verse sogar in einer jener vielen geselligen Runden, in denen dieses neue Gemeinsamkeitsgefühl so stark empfunden und gefeiert wurde; vielleicht war es auch *das* Lied des Freundeskreises. Schiller hat sich später von diesem Gedicht distanziert, ja er hat es im Jahre 1800 sogar »ein schlechtes Gedicht« genannt, und das Körner gegenüber, für den es ja auch ein Stück eigene Biographie war, immerhin stammt von ihm eine der ersten Vertonungen: »Die *Freude* [...] ist nach meinem jetzigen Gefühl durchaus fehlerhaft, und ob sie sich gleich durch ein gewisses Feuer der Empfindung empfiehlt, so ist sie doch ein schlechtes Gedicht und bezeichnet eine Stufe der Bildung, die ich durchaus hinter mir lassen mußte, um etwas ordentliches hervorzubringen. Weil sie aber einem fehlerhaften Geschmack der Zeit entgegenkam, so hat sie die Ehre erhalten, gewissermaßen ein Volksgedicht zu werden« (Brief vom 21. Oktober 1800, NA 30,206). Um so erstaunlicher ist es, daß er das Gedicht trotz dieser Kritik in seine gesammelten *Gedichte* in einer zweiten, veränderten Fassung aufgenommen hat.

Dieser Hymnus an die Freude ist als Wechselgesang aufgebaut. Dem ›Sänger‹ der achtzeiligen Strophen folgt jeweils der Chor mit einer vierzeiligen Strophe und trägt den menschlichen Preisgesang der Freude weiter, hinauf zum »guten Vater« »überm Sternenzelt«. Die ›Sänger-‹ und die ›Chorstrophen‹ unterscheiden sich nicht nur vom Umfang, sondern auch vom Reimschema her: vier Kreuzreimpaaren stehen vier Verse gegenüber, die durch einen umarmenden Reim zusammengehalten werden. Sie sind vielleicht formaler Ausdruck für die sich in Freundschaft umarmende Gemeinschaft der Freunde, die ja mit diesem Chor auch gemeint ist. Die ersten fünf Sänger-Strophen nennen im Verlauf jeweils neue Bereiche, in denen Freude unter den Menschen und in der Natur wirkt und verändert.

Im folgenden wird auf die erste Strophe genauer eingegangen, die übrigen werden nur summarisch vorgestellt.

Die Freude bindet, was der »Mode Schwert« oder die »Mode streng geteilt« (2. Fassung) hat. Das Wort »Mode« kommt bei dem jungen Schiller häufiger vor, später verschwindet es. Außer in der heute geläufigen Bedeutung erscheint es auch im Sinne von ›Zivilisation‹ oder ›gesellschaftliche Übereinkunft‹, so etwa, wenn Ferdinand in *Kabale und Liebe* sagt: »Wir wollen sehen, ob die Mode oder die Menschheit auf dem Platz bleiben wird« (II,3). Freude kann also die Schäden der Zivilisation heilen.

Darin, daß Schiller die Formulierung »Bettler werden Fürstenbrüder« in »alle Menschen werden Brüder« geändert hat, deutet sich der Schritt an, den er in seiner philosophischen Phase gemacht hat von der hier noch sichtbaren aufklärerischen Gesellschaftskritik seiner Jugend hin zur Utopie einer künftigen Gesellschaft, in der Bettler und Fürsten im Sinne einer Ständegesellschaft keine Bedeutung mehr haben.

In welchen Bereichen menschlicher Gemeinschaft wird Freude nun noch gesehen? Die Freude lebt in der Freundschaft, in der Liebe zwischen Mann und Frau;[3] alle Naturwesen freuen sich, selbst die Gestirne folgen ihr. Das Wahrheitsstreben der Erkenntnis, Tugend und Glaube werden von ihr bestimmt, selbst dem Toten ist sie auf dem Weg ins Jenseits nicht verschlossen. Und die Freude ist in der geselligen Runde der Freunde beim Wein anwesend.

3 Vielleicht auch Hinweis auf Körners junges Eheglück mit Minna Stock, deren Heirat am 7. August 1785 stattfand, vgl. Hochzeitsgedicht *An Körner.*

Doch klingt in diesem Gedicht unter all der rauschhaften Begeisterung, die des Dichters Erleben von Freundschaft und Freude widerspiegelt, auch schon etwas von dem an, was später in den philosophischen Schriften im Zusammenhang mit Freude und Schönheit als gesellschaftliche Zukunft, als Reich der Freiheit gesehen wird. So sagt Schiller in der 1801 erschienenen Abhandlung *Über das Erhabene*, daß der Mensch von zwei »Genien« durch das Leben begleitet wird, vom »Gefühl des Schönen« und dem »Gefühl des Erhabenen«. Der Genius, den er »das Gefühl des Schönen« nennt, macht uns Menschen »die Fesseln der Notwendigkeit leicht«. Er führt »uns unter *Freude* und Scherz an die gefährlichen Stellen, wo wir als reine Geister handeln und alles Körperliche ablegen müssen, bis zur Erkenntnis der Wahrheit und zur Ausübung der Pflicht. Hier verläßt er uns, denn nur die Sinnenwelt ist sein Gebiet, über diese hinaus kann ihn sein irdischer Flügel nicht tragen. Aber jetzt tritt der andere [Genius] hinzu, ernst und schweigend, und mit starkem Arm trägt er uns über die schwindlichte Tiefe« (SW 5,795 f.).

Jenseits dieser Tiefe ist das Reich der wahren Freiheit, denn »Wir fühlen uns frei bei der Schönheit, weil die sinnlichen Triebe mit dem Gesetz der Vernunft harmonieren; wir fühlen uns frei beim Erhabenen, weil die sinnlichen Triebe auf die Gesetzgebung der Vernunft keinen Einfluß haben, weil der Geist hier handelt, als ob er unter keinen andern als seinen eigenen Gesetzen stünde« (ebenda).

Doch auch in dem nächsten bedeutenden Gedicht Schillers, in den 1788 entstandenen *Göttern Griechenlands*, nimmt die Freude gleich in der ersten Strophe einen für das ganze Gedicht bedeutsamen Platz ein: »Da ihr noch die schöne Welt regiertet, / An der *Freude* leichtem Gängelband / Glücklichere Menschalter führtet, / Schöne Wesen aus dem Fabelland!« Die griechischen Götter als schöne Wesen, die am Band der *Freude* die Menschen in einer schönen Welt geführt haben. Wobei es ein »leichtes« Band war, zwar ein

»Gängelband«, das Kindern gebührt, aber doch nicht spürbar. Dieses ganze Gedicht durchzieht die Trauer über eine vergangene Welt, die durch das Zusammenleben von Göttern und Menschen von Freude durchzogen war.
Die für Schiller so wichtige innige Verbindung von Schönheit und Freude kommt in dem etwa zehn Jahre später entstandenen Epigramm *Die schönste Erscheinung* am klarsten zum Ausdruck: »[...] Sahst du die Freude nie in einem schönen Gesichte, / Niemals hast du die Freude gesehn!« So ist auch *An die Freude* ähnlich wie *Die Götter Griechenlands* eine Art ›Präludium‹ zu Schillers Schönheitslehre.[4]

Die Götter Griechenlands. Dieses Gedicht entstand im Frühjahr 1788 und erschien im März in Christoph Martin Wielands Zeitschrift *Teutscher Merkur.* Auf die Kritik an der scharfen Konfrontation Antike–Christentum hin arbeitete Schiller 1793 das Gedicht um, indem er kürzte und abschwächte. Diese Fassung nahm er dann in seine Ausgabe der Gedichte von 1800 auf.
Die folgenden Interpretationshinweise gehen von der ersten Fassung aus.
Die Grundstruktur des Gedichts besteht in der ständigen Gegenüberstellung von Einst und Jetzt. Das lyrische Ich sieht die Zeit der Griechen als die eigentlich glückliche Zeit der Menschheit, in der, anders als in der Gegenwart, Freude bei den Menschen war. Diese Gegenüberstellung geschieht, indem zunächst ganz im Sinne des Titels eine Kette von kleinen ›Götterporträts‹ der Griechen entrollt wird. Der Glanz und die Lebensfreude des griechischen Götterhimmels scheinen auf, aber auch der Schmerz, in dem sie den Menschen ähnlich sind: Der Sonnengott Apollon auf seinem Feuerwagen am Himmel, die Wasser- und Baumnymphen, die Bergnymphen, die Erdmutter Demeter und

4 Vgl. Zitat S. 45 f. und Anm. 5.

Aphrodite, die Göttin der Schönheit und der Liebe. Die Liebe verband Götter und Menschen, denn die Götter kamen zu den Menschen, angezogen von schönen Frauen und Männern unter ihnen, und zeugten Kinder, die den Menschen Helfer waren. Insbesondere Zeus, der Göttervater und »Donnerer«, konnte sich dieser Liebe nicht entziehen und schuf ein Geschlecht von Halbgöttern.

Interessant ist die vergegenwärtigende Darstellung, die sich in den Demonstrativpronomen zeigt, mit denen die einzelnen Götter an bestimmte Örtlichkeiten gebunden werden: »*Diese* Höhen füllten Oreaden«, die Bergnymphen, »*Jener* Bach empfing Demeters Zähre«, als sie um ihre von Hades geraubte Tochter Persephone weinte, »Und von *diesem* Hügel rief Cythere [Aphrodite]« nach ihrem Geliebten Adonis. Es ist also nicht so, daß das lyrische Ich die Götter nur nennt, vielmehr sieht es sie vor sich in einer jeweils charakteristischen Situation, die eben dann die Porträtskizze abgibt.

Darauf folgt die Beziehung der Menschen zu den Göttern und der Einfluß der Götter auf alles menschliche Handeln. Und da werden zuerst die Künstler genannt: der sagenhafte Sänger Arion, der Odendichter Pindar und Phidias, der große Bildhauer des Perikleischen Zeitalters. Sie alle haben teil an dem Feuer, das »himmlisch und unsterblich [...] niederströmte« aus dem Götterhimmel. Diese Künstler holten in ihren Gestaltungen den Himmel auf die Erde herunter, und die Götter konnten sich in den Werken der Künstler wiederfinden. Die Menschen waren die Schöpfer der Götter auf Erden.

Die Freude des Weins, die der Gott Dionysos den Menschen gebracht hat, verband zudem die Menschen mit den schenkenden Göttern und untereinander im festlichen Zusammensein. Selbst der Tod, den alle Menschen fürchten, erschien in dieser Welt in einer anderen Gestalt, nicht als angsteinflößendes Gerippe, sondern als Genius mit gesenkter Fackel. Zwischen diesen ›Erinnerungen‹ an eine glückliche Zeit fällt immer wieder ein Blick auf das Welt- und Menschenbild der Gegenwart und den *einen* Schöpfergott der eigenen Religion: »Gleich dem toten Schlag der Pendeluhr, / Dient sie knechtisch dem Gesetz der Schwere, / Die entgötterte Natur!« und »*Einen* zu bereichern, unter allen, / Mußte diese Götterwelt vergehn.« Es fällt die Formulierung »unter allen« auf. Das könnte bedeuten, daß diese anderen nicht bloße Erfindungen einer ›Kinderphase‹ der Menschheit, bloße Bilder, sondern geistige Kräfte waren, die jetzt verdrängt sind und die in einer neuen, von der Kunst durchdrungenen Welt in veränderter Weise wiederauferstehen werden.

Am 12. Juni 1788 schreibt Schiller an den Freund Körner: »Mir gefällt dies Gedicht sehr, weil eine gemäßigte Begeisterung darin atmet, und eine edle Anmut mit einer Farbe von Wehmut untermischt« (NA 25,69). Es ist in diesem Gedicht natürlich mehr als nur Wehmut über etwas Verlorenes, es enthält ebenso Angriff, und zwar auf die geschichtlichen Mächte, die diese einende und harmonisierende griechische Lebensform und Weltsicht zerstört haben. Man könnte auch sagen, die sie im Sinne einer Entwicklung, die Schiller erst später bewußt wurde, sogar zerstören *mußten*. Diese Mächte sind das monotheistische Christentum mit einem strafenden Gott und die rational-mechanistische Wissenschaft der Neuzeit. Schiller sieht in den Bildern eines wie unbewußt gelebten vergangenen Menschentums eine Vollendung, die er für sich und seine entfremdete Zeit ersehnt und die er später in seinen ästhetischen Schriften auf einer höheren Stufe, eben mit den Mitteln der entwickelten Vernunft, als Reich der Schönheit und der Freiheit neu zu begründen versucht. Das ist in der Schlußstrophe der ersten Fassung des Gedichts von 1788 in der anklagenden Hinwendung an den *einen* Gott zumindest angedeutet. »Dessen Strahlen mich darnieder schlagen, / Werk und Schöpfer des Verstandes! dir / Nachzuringen, gib mir Flügel, Waagen, / Dich zu wägen – oder nimm von mir, / Nimm die ernste, strenge Göttin wieder, / Die den Spiegel blendend vor mir hält; / Ihre sanftre Schwester sende nieder, / Spare jene für die andre Welt.«

Der eigene Gott wird also als »Werk und Schöpfer des Verstandes« bezeichnet, d. h., so wie er als Begriff unter den Menschen lebt, ist er ein Werk des menschlichen Verstandes, zugleich aber ist der Verstand ein Geschöpf Gottes. Die Strahlen seiner Allmacht schlagen zwar den ohnmächtigen Menschen in den Staub, dennoch wendet sich das lyrische Ich mit einer Doppelbitte im Sinne eines Entweder–Oder an diesen Gott: *Entweder* gib mir Flügel, geistige oder körperliche, daß ich mich dir in deinen unerreichbaren Höhen nähern, und gib mir Waagen, damit ich dich wägend materiell erfassen kann – *oder* nimm die »ernste, strenge Göttin« der Wahrheit, die mir immer ihren Spiegel und damit mein Ungenügen vorhält, wieder von mir. Sende mir dafür die Schönheit, ihre »sanftre Schwester«. Hier ist sie also, die Schönheit, die allein die zerrissene Welt befrieden und beglücken kann und deren gesellschaftsverändernde Kraft Schiller einige Jahre später in seinen ästhetischen Schriften mit Hingabe und unter Zurückstellung all seiner dichterischen Pläne erforscht.

Den heftigen Vorwürfen der »Abgötterei«, des »Atheismus« und der Verteidigung des Polytheismus begegnete Schiller 1793 mit einer Bearbeitung des Gedichts. Neben vielen anderen Strophen fiel ihr auch die letzte Strophe zum Opfer, da sie für die Zeitgenossen den stärksten Vorwurf gegen das monotheistische Gottesbild enthielt. Sie wurde ersetzt durch eine abschließende ›Wehmutsstrophe‹: »Ja, sie kehrten heim, und alles Schöne, / Alles Hohe nahmen sie mit fort, / Alle Farben, alle Lebenstöne, / Und uns blieb nur das entseelte Wort. / Aus der Zeitflut weggerissen, schweben / Sie gerettet auf des Pindus Höhn, / Was unsterblich im Gesang soll leben, / Muß im Leben untergehn.« Dieser letzte Vers wirkt wie ein Vorausblick auf Schillers Gedicht *Nänie.*

Auch »*Die Götter Griechenlands* präludieren Schillers

Schönheitslehre, die um die Frage kreist, wie in die Welt, aus der mit den Göttern die Schönheit entschwunden ist, das Schöne ohne Götter wieder hineingebracht werden kann.«[5]

Der Spaziergang. Das Gedicht, das zu den berühmtesten Schillers gehört, ist im September 1795 entstanden und wurde noch im gleichen Jahr in der Zeitschrift *Die Horen* unter dem Titel *Elegie* veröffentlicht. Es ist eines jener Gedichte, mit denen Schiller nach jahrelanger Pause von der Philosophie zur Dichtung zurückkehrt. Eine überarbeitete Fassung erschien in den *Gedichten* des Jahres 1800 mit dem heutigen Titel.

Daß dieses Gedicht ursprünglich *Elegie* betitelt war, weist auf seinen tragischen Charakter hin, denn die Elegie war in der Antike eine wehmutsvoll-klagende lyrische Form. Die Tragik der geschichtlichen Entwicklung von der Antike bis zur Neuzeit ist hier, ähnlich wie in den *Göttern Griechenlands,* der Anlaß zur Klage.

Formal gesehen ist eine Elegie eine Folge von Zweizeilern, Distichen, die je aus einem Hexameter und einem Pentameter gebildet werden. Aus dieser ›Kleinstrophigkeit‹ ergibt sich, zusammen mit der syntaktischen Schmiegsamkeit des daktylischen Hexameters und Pentameters, eine große Beweglichkeit für die Entwicklung der Gedanken, so wie es Schiller in seinem Epigramm *Das Distichon* formuliert hat: »Im Hexameter steigt des Springquells flüssige Säule, / Im Pentameter drauf fällt sie melodisch herab.«[6]

5 Norbert Oellers, »Das verlorene Schöne in bewahrender Klage. Zu Schillers *Nänie*«, in: *Gedichte und Interpretationen*, Bd. 3: *Klassik und Romantik*, hrsg. von Wulf Segebrecht, Stuttgart 1984, S. 184.

6 Klaus Jeziorkowski hat in seinem Aufsatz »Der Textweg« einfühlsam und sehr überzeugend dargestellt, wie das Versmaß und das Schreiten auf dem Spaziergang mit höchster Kunst eine Einheit bilden. Das folgende Zitat mag einen Eindruck von seinem Interpretationsansatz geben: »*Der Spaziergang* ist in der Tat der mit allen Gliedern erfahrene Weg eines gehend Reflektierenden durch den Text. [. . .] Der antike Glanz und das gegenwärtige Leuch-

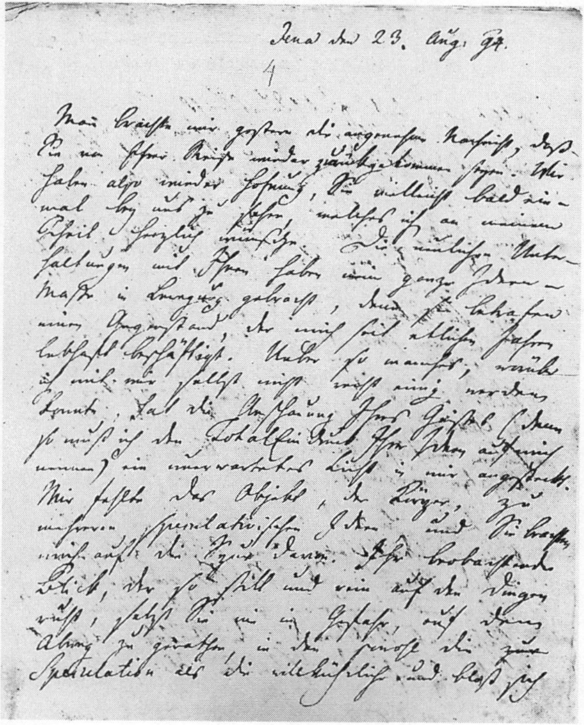
Jena den 23. Aug. 94.

4

Man brachte mir gestern die angenehme Nachricht, daß Sie von Ihrer Reise wieder zurückgekommen seyen. Wir haben also wieder Hoffnung, Sie vielleicht bald einmal bey uns zu sehen, welches ich an meinem Theil herzlich wünsche. Die neulichen Unterhaltungen mit Ihnen haben meine ganze Ideenmasse in Bewegung gebracht, denn sie betrafen einen Gegenstand, der mich seit etlichen Jahren lebhaft beschäftigt. Ueber so manches, worüber ich mit mir selbst nicht recht einig werden konnte, hat die Anschauung Ihres Geistes (denn so muß ich den Totaleindruck Ihrer Ideen auf mich nennen) ein unerwartetes Licht in mir angesteckt. Mir fehlte das Object, der Körper, zu mehreren speculativischen Ideen, und Sie brachten mich auf die Spur davon. Ihr beobachtender Blick, der so still und rein auf den Dingen ruht, setzt Sie nie in Gefahr, auf den Abweg zu gerathen, in den sowohl die Speculation als die willkührliche und bloß sich

Brief Schillers an Goethe vom 23. August 1794

In einer Zeit der Krankheit, im Spätsommer 1795, als Schiller an das Haus gebunden war, entstand die erste Fassung dieses Gedichtes. Das lyrische Ich, hinter dem ganz deutlich der Dichter zu sehen ist, begibt sich in Gedanken hinaus in die Natur, »endlich entflohn des Zimmers Gefängnis« (7).

Ausgehend von dem Naturerlebnis wandert der Spaziergänger betrachtend und denkend durch die Menschheitsgeschichte.

Der Text beginnt mit preisenden Anrufen des Spaziergängers: an die Berge, die Sonne, die Bäume, die Vögel, das Blau des Himmels und die köstlich erquickende Luft. Ihnen allen dankt der aus dem engen Studierzimmer Geflohene mit dem »durstigen Blick« des Gefangenen. Das erinnert an den großen ›Auferstehungspreis‹ Fausts im Osterspaziergang.

Über den Pfad durch die Wiesen, von Bienen, Schmetterlingen und dem Gesang der Lerchen umgeben, gelangt der Wanderer in den geheimnisvoll schattigen Wald. Der Weg steigt an, und als der Wald sich wieder öffnet, schweift der Blick in die Ferne über das unten liegende fruchtbare Tal, dessen Gestaltung die ursprünglichen Tätigkeiten des Menschen zeigt: die des Bauern, des Hirten, des Flößers und des Winzers. »Nachbarlich wohnet der Mensch noch mit dem Acker zusammen« (51).

Fast schmerzlich entringt sich dem Betrachter der Ausruf: »Glückliches Volk der Gefilde! Noch nicht zur Freiheit erwachet, / Teilst du mit deiner Flur fröhlich das enge Ge-

ten von Hexameter und Pentameter, der daktylische Gang und der rhythmische Klang der Verse und die rhetorische Energie sind es, die das sprechende Ich in Bewegung setzen und halten, die den Schwung der sich bewegenden Beine und Arme in den Schwung des Herzens und des Kopfes übersetzen.« In: *Interpretationen: Gedichte von Friedrich Schiller*, hrsg. von Norbert Oellers, Stuttgart 1996, S. 162 und 164. Mit dieser Beschreibung ist wohl auch das getroffen, was Schiller selbst in seinen Briefen an Körner als »die meiste poetische Bewegung« (21. September 1795, NA 28,60) und als »das dichterischste« (3. Oktober 1795, NA 28,65) gemeint hat.

setz« (55 f.). Gleich sind sie alle, keiner möchte mehr als der andere sein oder besitzt Wünsche, die die tägliche Gleichförmigkeit der Arbeit im Haus und auf dem Feld überschreiten, sie »beschränkt der Ernten ruhiger Kreislauf« (57). Das Gefühl, diesen natürlichen Zustand zu verlieren, wird durch die einschneidende Frage eingeleitet: »Aber wer raubt mir auf einmal den lieblichen Anblick?« (59). Denn in die paradiesische Einfachheit der Landschaft, in die allenfalls die Grenzlinien der Felder Struktur hineinbringen, und in den Blick des sinnenden Betrachters kommt plötzlich eine geplant ausgerichtete Reihe von Pappeln und mit ihr der Gedanke, ihre hoch aufgerichtete Prozession in Form einer Allee künde von zivilisatorischer Regel, sie seien das Gefolge des Herrschers, den die in der Ferne sichtbare Stadt ankündigt. Hier nun wendet sich der Blick des Spaziergängers zunehmend meditativ nach innen, eine Fülle Bilder und Gedanken steigt in ihm auf, die nur noch lose mit der äußeren Wahrnehmung, der Wahrnehmung von Kultur und Natur, von Stadt und Land zu tun haben. Was anfänglich Spaziergang und bloßes Naturerlebnis schien, wird jetzt zunehmend Geschichtsbetrachtung.

In dem Menschengebilde ›Stadt‹ herrscht ein anderes Leben und Treiben. Städtegründungen sind der Anfang der zivilisatorischen Stufe der Menschheit. Hier werden den Göttern Tempel gebaut, in denen ihr Segen erfleht wird und ihnen Dankopfer dargebracht werden. Durch die festen Tore der Stadt ziehen ihre Verteidiger, aber auch die Eroberer fremder Städte hinaus. Hier ist die Geburtsstätte des Handwerks: Holzfäller und Zimmerleute, Bergleute und Schmiede, Spinnerinnen und Weberinnen, Seeleute und Kaufleute, die die Händler der großen Märkte am Hafen und in der Stadt mit Waren aus aller Herren Länder versorgen. Dadurch entsteht Wohlstand in den Mauern der Städte, und dieser Wohlstand gibt Künstlern und Philosophen die Möglichkeit zur Tätigkeit. Deren Statuen und Bauwerke, deren Erkenntnisse und Experimente lassen den Menschen

immer mehr zu sich selbst kommen, er emanzipiert sich von den natürlichen Bindungen: Kunst und Erkenntnisstreben führen zur Selbsterkenntnis des Menschen, er erfährt, was Freiheit ist: »Seine Fesseln zerbricht der Mensch« (139). Aberglaube und bloßes Dafürhalten weichen der Klarheit, auch dem Zweifel am Überkommenen. Wir könnten die politische, wirtschaftliche und kulturelle Entwicklung der griechischen Stadtstaaten in diesen Bildern sehen, besonders deutlich an der zitierten Inschrift bei den Thermopylen zum Andenken der unter Leonidas gegen die Perser gefallenen Spartaner: »Wanderer, kommst du nach Sparta ...« (97).
Doch mit diesen menschlichen Hochleistungen setzt auch der Umschlag ins Chaos ein, zunächst noch verborgen, weil das »trügende Bild lebender Fülle« noch lange Zeit erhalten bleibt, obgleich es der »Mumie« ähnlicher ist als dem lebenden Körper. Chaos heißt, daß in den Ruf der Vernunft nach Freiheit in dialektischer Weise die »wilde Begierde« mit dem gleichen Ruf einfällt. Und damit bricht schließlich all das zusammen, was in Jahrtausenden aufgebaut worden ist. Wieder steht das Zerrbild der Freiheit, wie Schiller es in der Schreckensherrschaft der Französischen Revolution erlebt hat, im Mittelpunkt: »Einer Tigerin gleich, die das eiserne Gitter durchbrochen / [...] Aufsteht mit des Verbrechens Wut und des Elends die Menschheit, / Und in der Asche der Stadt sucht die verlorne Natur« (167 ff.).
Hier klingt die flehentliche Bitte des Spaziergängers an die Mauern der Stadt auf, ihn, der sich erneut gefangen sieht, doch wieder freizugeben, daß er »gerettet« in die verlassene Flur zurückkehre. Wie vom Traum erwacht findet er sich plötzlich auf weglosem Gelände, in der Wildnis und von Abgründen umgeben. Doch wirkt diese eigentlich abweisende Umgebung wie Erlösung aus dem bedrückenden Alptraum von »des Lebens furchtbarem Bilde« (187), wieder eine Befreiung wie zu Anfang aus dem Gefängnis des Zimmers.
Ein Zurück von dieser Station des Spaziergangs hin zu der

lieblichen Tallandschaft des Beginns gibt es aber nicht, auch wenn der Spaziergänger im Schlußsatz fast getröstet ausruft: »Und die Sonne Homers, siehe! sie lächelt auch uns« (200).

Hier ist Schiller in seiner geschichtsphilosophischen Gedankenentwicklung konsequent. Es ist nicht nur das vergangene Arkadien, in dem die Sonne Homers geschienen hat, sie scheint auch im neuen Elysium, in das es aufzubrechen gilt. Arkadien ist der glückliche Naturzustand, der auch für das menschliche Zusammenleben gilt. Elysium ist der nächsthöhere Zustand der Menschheitsentwicklung, in dem die eingetretenen Entfremdungen und Entartungen wieder aufgehoben sind.[7]

Im ersten Teil des Gedichts finden sich Gedanken über die Kulturentwicklung der Menschheit, die schon in seiner Dissertation[8] anklingen, im zweiten Teil und im Schluß sind die Ergebnisse seiner philosophischen Auseinandersetzung mit der jüngsten europäischen Geschichte, dem Zusammenbruch des Ancien régime und der Französischen Revolution wahrnehmbar, verbunden mit der bedrängenden Frage, wo denn nun die Zukunft der Menschheit jenseits des Chaos liege. Es ist, wie schon angedeutet, die utopisch scheinende Idee des Elysiums, das nicht geschenkt wird, sondern in Freiheit errungen werden muß. Wie sagt Karl Moor?: »Warum sind Despoten da? Warum sollen sich tausende und wieder tausende unter die Laune Eines Magens krümmen, von seinen Blähungen abhängen? – Das Gesetz bringt es so mit sich – Fluch über das Gesetz, das zum Schneckengang verderbt, was Adlerflug worden wäre!« (I,2). Eben dieser Adlerflug schien dem Karl Moor des jungen Schiller noch unmöglich, es sei denn in der Gewalttat gegen das Gesetz; der reife Schiller sieht den Adlerflug in der erhabenen Hochgebirgslandschaft, in die der »Schall menschlicher Mü-

7 Schiller hat diesen Zustand in seinem Essay *Über naive und sentimentalische Dichtung* genauer beschrieben, s. dazu S. 165.
8 Vgl. das Kapitel »Autor und Werk«, S. 18.

hen und Lust« (184) nicht dringt, als eine Verheißung. Dieser Adlerflug des zukünftigen Menschen verbindet wieder Himmel und Erde, weg vom »Schneckengang«, zu dem menschliches Handeln im Laufe der Geschichte geworden ist.
In einem Brief an Wilhelm von Humboldt schreibt Schiller über die eigene Leistung in diesem Gedicht: »Mein eigenes Dichtertalent hat sich [...] in diesem Gedichte erweitert: Noch in keinem ist der *Gedanke* selbst so poetisch gewesen und geblieben, in keinem hat das Gemüt so sehr als *Eine* Kraft gewirkt« (Brief vom 29. November 1795, NA 28,115).[9]
Der Spaziergang hat in der Schiller-Forschung große Aufmerksamkeit gefunden,[10] da es eine Art Schlüsselgedicht für die Entwicklung der philosophischen Dichtung Schillers ist.

Balladen

Schillers Balladen sind, mit wenigen Ausnahmen, alle im »Balladenjahr« 1797 entstanden. Der Prozeß ihrer Entstehung ist auch ein beeindruckendes Zeugnis für die produktive Beziehung zwischen Goethe und Schiller, denn die Arbeit an fast jeder der Balladen ist von Goethes Rat begleitet worden, wobei sich die meisten seiner Ratschläge auf Fragen des Aufbaus und der Motivierung bezogen.

Der Taucher. Am 5. Juni 1797 hat Schiller mit der Arbeit an dieser Ballade begonnen, am 14. Juni trägt er in seinen Kalender ein: »Taucher geendigt.« Veröffentlicht wurde die Ballade im *Musenalmanach 1798*.
Die Ballade beginnt ohne irgendeine Einleitung zu Personen, Ort oder Zeit direkt mit einer Frage auf Leben und

9 Vgl. dazu auch Anm. 6.
10 Vgl. Stenzels und Jeziorkowskis Aufsätze.

Tod, freilich um einen hohen Gewinn: einen goldnen Becher, den der König – der Leser erfährt erst in der zweiten Strophe, daß die Frage von ihm stammt – vom Felsen in den Abgrund der brüllenden See wirft. Auch als der König die Frage wiederholt, ist niemand aus dem königlichen Gefolge bereit, angesichts der großen Gefahr sein Leben zu riskieren. Und als der König dann zum dritten Mal fragt, da tritt ein Edelknappe keck hervor und erklärt sich bereit, den Sprung ins offensichtliche Verderben zu wagen. Die feige Hofgesellschaft raunt bewundernd, hindert freilich den Anfang eines grausamen Spiels nicht. Alles wartet sensationslüstern auf den Sprung nach unten, wo »es wallet und siedet und brauset und zischt« (31). Als der Knappe im günstigen Augenblick, unter dem entsetzten Aufschrei der Zuschauer, durch einen kühnen Sprung in das tosende Meer verschwunden ist, gibt der Erzähler zur Erhöhung der Spannung, was mit dem Jüngling nun wohl geschieht, erneut eine Schilderung der Wasserstrudel, über denen es jetzt still wird. Die Zuschauer zeigen wenigstens etwas Anteilnahme, auch wenn sie sonst dem grausamen Spiel untätig zugesehen haben, indem sie ihm nachrufen: »›Hochherziger Jüngling, fahre wohl!‹« (52). Ihre Spannung geht dann auf in der Spannung des Lesers, der wartet, was geschieht. Doch der Erzähler wendet sich, die Spannung steigernd, an den König, so als ob er vor ihm stünde, und sagt ihm, daß er für keinen noch so »teuren Lohn« diesen Sprung wagen würde, denn vom Grund des Strudels kehrt keiner zurück, um sagen zu können, was er dort gesehen hat. Als die Wassermassen des Strudels wieder emporquillen, erscheint in der dunkeln Flut der weiße Arm des Jünglings, den Becher triumphierend hoch emporhaltend. Er kommt völlig erschöpft an Land, wird gepriesen und vor den König geführt. Und kaum hat er ein Hoch auf den König ausgebracht und den Becher mit Wein gefüllt bekommen, beginnt er, nach der gewaltigen Anstrengung psychologisch völlig unmotiviert, mit der Erzählung seiner Erlebnisse, die die nächsten sieben

Strophen ausfüllen: Eine schaurige Welt läßt er entstehen, einem Höllenrachen ähnlich, angefüllt mit scheußlichen und bedrohenden Tieren. Dort hat er an einem Korallenriff hängend den Becher gefunden, und als er, erschreckt von den Scheusalen der Tiefe, seinen Halt an dem Riff aufgegeben habe, sei er mit dem Strudel wieder nach oben gerissen worden. Schwer wiegt aus seinem Munde die Warnung gleich zu Anfang seiner Erzählung: »[...] Und der Mensch versuche die Götter nicht / Und begehre nimmer und nimmer zu schauen, / Was sie gnädig bedecken mit Nacht und Grauen« (94–96). Doch der König, »darob [...] verwundert«, scheint wie besessen von der Möglichkeit, noch mehr davon zu erfahren, und im nächsten Augenblick schon setzt er für einen weiteren Sprung in die fürchterliche Tiefe einen kostbaren Ring zum Preis. Und als seine Tochter ihn bittet, das grausame Spiel doch zu beenden, zumindest aber einen der Ritter den Sprung wagen zu lassen, da schleudert er den Becher noch einmal ins Meer und verspricht dem Knappen als höchsten Preis die Hand seiner Tochter, wohl wissend, daß sich der Jüngling dieser Herausforderung kaum entziehen kann: »Da ergreifts ihm die Seele mit Himmelsgewalt, / Und es blitzt aus den Augen ihm kühn, / Und er siehet erröten die schöne Gestalt / Und sieht sie erbleichen und sinken hin, / Da treibts ihn, den köstlichen Preis zu erwerben, / Und stürzt hinunter auf Leben und Sterben« (151–156).

Nichts wird mitgeteilt über sein Schicksal, nichts über die Reaktion des Königs und der Hofgesellschaft. Die Hybris des Königs wird nicht bestraft. Der Schluß ist ganz knapp in eine einzige Strophe gefaßt; distanziert und unpersönlich ist allein das liebende, das vergebliche Warten dargestellt, so daß der Schmerz dadurch in seiner Größe spürbar wird und überindividuelle Züge annimmt: »Da bückt sichs hinunter mit liebendem Blick, / Es kommen, es kommen die Wasser all, / Sie rauschen herauf, sie rauschen nieder, / Den Jüngling bringt keines wieder.«

In der Zeit des Live-TV, in der grausame Verbrechen und entsetzliche Unfälle via Mattscheibe der gaffenden Menge vorgeführt werden und eine bedrückende Vorausschau auf eine zunehmende Entartung des Menschlichen tägliche Anschauung ist, wirkt diese Ballade trotz ihres historischen Kleides sehr aktuell: Anklage gegen entartetes Menschsein, Sensationslust – ob das Brüllen des Pöbels vor der Guillotine in Paris auch zu hören ist? Über der Ballade steht die Frage: Was darf der Mensch?

Doch das ist nur eine Ebene, auf der man sie betrachten kann. Es ist die Anklage gegen die Zeit, die auch beim späteren Schiller immer noch spürbar ist, freilich nicht im bloßen Aufschrei, sondern ästhetisch verwandelt. Doch kann die Ballade auch im Sinne Schillers Bild für einen ganz anderen Vorgang sein, für das Eintauchen in die schauervollen Abgründe des eigenen Innern, um den goldenen Becher und schließlich den höchsten Preis, die Königstochter, die Seelentochter, zu suchen – und dabei in diesen Abgründen zu scheitern. Und die trauernde Prinzessin wartet. Die durchgehende Typisierung der Gestalten und Vorgänge weist auf die »einfache Form« des Märchens hin: *der* König, der namenlose Jüngling, der um der Liebe zur namenlosen Königstochter die größten Prüfungen auf sich nimmt. Nur mit dem Unterschied zum Märchen, daß er die Königstochter nicht gewinnen kann, sondern den Tod findet. Insofern vielleicht ein »Antimärchen«.

Die Ballade wäre so vielleicht auch als das dunkle Gegenbild zu dem 1795 veröffentlichten legendenhaften Gedicht *Das verschleierte Bild zu Sais* zu sehen. Hier rät der Priester dem die Wahrheit suchenden Jüngling, den Schleier von der Isis-Gestalt nicht wegzuziehen, weil dahinter die Wahrheit sei, die er ohne Gefahr für sein Leben nicht ertragen könne. Als er es eigenmächtig doch tut, verstört und zerstört er sich und stirbt schließlich. Und auch in den *Göttern Griechenlands* (letzte Strophe der ersten Fassung) kommt zum Ausdruck, daß der Mensch die unverhüllte Wahrheit (auch über

sich selbst) nicht ertragen kann – die Schönheit soll an ihre Stelle treten. Der, der in die Wahrheit um der Schönheit willen taucht, scheitert – doch mit kühn blitzenden Augen und von der Schönheit ergriffener Seele wagt er den Sprung.
Schubert hat diese Ballade zweimal vertont (Deutsch-Verzeichnis 77 und 111). Was mag ihn bewogen haben, sich gerade mit dieser Ballade so intensiv zu beschäftigen? Möglicherweise war der Sprung des von der Schönheit ergriffenen Jünglings in das schauervolle Chaos für ihn besonders anziehend, weil es etwas von seiner eigenen seelischen Situation spiegelt, der er sein schönes Werk abgerungen hat.

Der Handschuh. Am 18. Juni 1797 schrieb Schiller an Goethe über die Arbeit am *Handschuh*: »[...] doch habe ich auch weniges poetisiert: ein kleines Nachstück zum *Taucher* [...]«, und am 19. Juni notierte er in seinem Kalender: »Handschuh fertig«. Gedruckt erschien die Ballade im *Musenalmanach 1798*.
Wie Schiller mitteilt, fand er den Stoff in einer Anekdote in Saintfoix' *Essais historiques sur Paris*. Der französische König François I. hat sich mit der ganzen Hofgesellschaft vor seinen Raubtierzwingern eingefunden, um einem Kampf verschiedener Raubkatzen beizuwohnen.
In breiter Beschreibung, als ob ein Reporter seinen Zuhörern berichtet, erfolgt der »Auftritt« der einzelnen Raubkatzen: zuerst ein Löwe in königlich gelangweilter Manier, dann ein aggressiv brüllender Tiger, der aber beim Angriff auf den Löwen zurückweicht, zum Schluß zwei Leoparden, die kampfesfreudig auf den Tiger losstürzen. Das plötzliche Gebrüll des Löwen hindert jedoch die Tiere einander zu zerfleischen.
Eine höchst aufgeladene Atmosphäre, »von Mordsucht heiß«, breitet sich aus. Die höfischen Zuschauer sind aufs äußerste gespannt, was geschieht, aber die Tiere »handeln« nicht, bieten nicht die Sensation, um derentwillen die Da-

men und Herren ja schließlich gekommen sind. Die Spannung weiterzutreiben, mit ihr zu spielen, bleibt den Menschen überlassen: So läßt die Hofdame Kunigunde einen ihrer Handschuhe vom Altan herab wie unabsichtlich in den Kreis der Raubtiere fallen und bittet Ritter Delorges ihn zu holen, verbunden mit der zynischen Bemerkung, falls seine Liebe wirklich so groß sei, wie er immer versichere. Daß Schiller einen Stoff bearbeitet, in dem eine Frau eine solch sensationelle Handlung anstößt, ist bedeutsam. Sie verletzt neben der Würde des Ritters, der zum Spielzeug ihrer Launen wird (auf weit niedrigerer Ebene als im *Taucher*) auch die Würde der Frauen und damit für Schiller etwas entscheidend Menschliches. Schiller hat in seinem Gedicht *Die Würde der Frauen* sein aggressionsloses, harmonisierendes Frauenbild – im Zeitalter der Emanzipation sehr sonderbar anmutend – präzise beschrieben. Da heißt es in der letzten Strophe dieses Gedichtes: »Aber mit sanft überredender Bitte / Führen die Frauen den Zepter der Sitte, / Löschen die Zwietracht, die tobend entglüht, / Lehren die Kräfte, die feindlich sich hassen, / Sich in der lieblichen Form zu umfassen, / Und vereinen, was ewig sich flieht.«

Schließlich ergibt sich aus einer solch verwerflichen Handlung einer Frau für Schiller auch die Rechtfertigung von Delorges Verhalten am Schluß. Er nimmt die menschenverachtende Herausforderung auf, steigt mutig in den Zwinger hinab und holt den Handschuh, »mit keckem Finger«, also noch mit einer gewissen Haltung und Form. Das ist ein Ereignis, wie es sich keiner der Versammelten spannender hätte wünschen können. Die Hofgesellschaft, die die Wahnsinnstat nicht verhindert hat, bricht natürlich in Bewunderung aus, die Dame lächelt den Ritter verheißungsvoll an, Liebesgunst versprechend. Doch der »Held des Tages« wirft der menschenverachtenden Vertreterin einer perversen Hofgesellschaft, die den Kitzel ihrer Unterhaltung aus dem Spiel mit dem Tod gewinnt, den Handschuh einfach ins Gesicht und geht.

Wie wenig die Weimarer Hofgesellschaft Schillers Intention verstanden hat, zeigt sich an der Nörgelei der Frau von Stein, auf deren Veranlassung Schiller den Schluß abänderte: »Und der Ritter sich tief verbeugend spricht, / ›Den Dank, Dame, begehr ich nicht‹ [...].« Er hat diesen Schluß 1800 in der Ausgabe seiner Gedichte wieder zurückgenommen.
Die Ballade wurde auch als eine Art ›Satyrspiel‹ zum *Taucher* bezeichnet, in Abwandlung des Schillerschen Ausdrucks »Nachstück«. Das, was der König im *Taucher* tut, wird hier der Hofdame Kunigunde zugewiesen: mit Menschen nach der eigenen Laune zu spielen. Sie nimmt Ritter Delorges die Freiheit, denn um der Ehre willen kann er nicht anders handeln, als der Aufforderung zu folgen; sie ist willens, sein Leben zu opfern, um sich selbst, d. h. ihre Attraktivität in der Hofgesellschaft zu erhöhen. Der für sie schmähliche Ausgang dieses ›Menschenversuchs‹ ist der Kern des Satyrspiels. In der griechischen Tragödie hat das Satyrspiel als letztes die tragische Spannung und Erschütterung durch das Lachen gelöst, Lachen über die Verspottung von Mißständen und menschlichem Fehlverhalten. Und die Befriedigung des Lesers über den Ausgang der Balladenhandlung neigt auch zum schadenfrohen Lachen über die gerechte Bloßstellung der Hofdame, ja im Grunde genommen der ganzen Hofgesellschaft. Wie diese selbst reagiert, wird nicht gesagt, doch wird zumindest hinter vorgehaltener Hand gelacht worden sein.

Der Ring des Polykrates. Am 24. Juni 1797 beendet, im *Musenalmanach 1798* veröffentlicht.
In einem Brief vom 23. Juni 1797 an Goethe äußert Schiller seine Freude darüber, daß der Freund sich entschlossen habe, die Arbeit am *Faust* wieder aufzunehmen. Er erörtert verschiedene damit zusammenhängende Probleme und gibt Ratschläge. Im Schlußabschnitt dieses Briefes fügt er dann an: »Montag denke ich Ihnen eine neue Ballade zu senden,

es ist jetzt eine ergiebige Zeit zur Darstellung von Ideen.«[11] Was Schiller damit meint, wird zu prüfen sein.

Schiller hat den Stoff zu dieser Ballade dem zweiten Buch der *Historien* des griechischen Geschichtsschreibers Herodot (um 484 – um 428) entnommen. Die auffallendsten allgemeinen Veränderungen gegenüber Herodot sind Reduktion und Konzentration der Handlung: Der Gast des Polykrates bleibt bei Schiller namenlos, er ist der »ägyptische König«, obgleich es sich bei Herodot um den König Amasis (569–525) handelt. Polykrates und Amasis verkehren bei Herodot nur brieflich miteinander, und die in den *Historien* erzählte Geschichte erstreckt sich über einen längeren Zeitraum, während Schiller, dramatisch zuspitzend, nur wenige Stunden dafür ansetzt.

Die Ballade beginnt mit dem unbestimmten »Er« – der Tyrann Polykrates steht auf den Zinnen seines Palastes und schaut zusammen mit dem ägyptischen König, seinem Gastfreund, auf die von ihm beherrschte Insel Samos hin. Voll Stolz fragt er ihn, ob er nicht glücklich zu preisen sei. Der König muß einräumen, daß sein Gastgeber von den Göttern begünstigt ist, *doch* habe er noch nicht seinen letzten Gegner, der ihm die Macht streitig machen könne, besiegt – da kommt die Siegesnachricht und mit dem Boten das abgeschlagene Haupt des Gegners. Der Gast wendet entsetzt wieder mit einem *doch* ein, er habe aber seine Flotte noch nicht im Hafen – da wird das Einlaufen der reichbeladenen Schiffe gemeldet. Der königliche Gast ist von solchem Glück über die Maßen erstaunt, aber ein weiteres *doch* gegen das Glück kann er nicht zurückhalten, indem er auf die feindlichen Kreter hinweist, die die Küste bedrohen – da kommt von den Schiffen die frohe Botschaft, daß der Sturm die Flotte der Kreter zerstreut habe. Nun ergreift das Entsetzen den Gast vor der fast magisch er-

11 *Der Briefwechsel zwischen Schiller und Goethe*. Nach den Handschriften des Goethe- und Schiller-Archivs hrsg. von Hans Gerhard Gräf und Albert Leitzmann, Frankfurt a. M. 1964.

scheinenden Kette unwahrscheinlicher Ereignisse, vor der »Dämonie gehäufter Erfüllung«[12] und mit einem letzten *doch* wendet er ein, solch eine übermäßige Fülle von Glück müsse den Neid der Götter heraufbeschwören, denn es gebe für den Menschen kein reines Glück ohne Schmerz. Und er erzählt, wie er selbst mit dem Tod seines Sohnes die Schuld für das Glück einer erfolgreichen Herrschaft bezahlt habe. Dringlich rät er seinem Gastgeber, selbst das Unglück herbeizurufen, indem er das, was ihm am liebsten sei, opfere und ins Meer werfe. Diese ernsten Worte lassen in dem Herrscher von Samos Furcht aufsteigen, und er wirft einen Ring, der ihm als kostbarster Besitz gilt, ins Meer, um damit die Götter gegenüber seinem Glück gnädig zu stimmen. Am nächsten Tag bringt ein Fischer einen außergewöhnlich großen Fisch aus seinem Fang dem König als Geschenk. Als der Koch den Fisch zubereitet, findet er in dessen Magen den Ring. Erstaunt meldet er den Fund seinem Herrn und preist dessen Glück. Dieser letzte Beweis dafür, daß die Götter nichts als den Untergang des vom Glück überschütteten Polykrates vorhaben, läßt den Gast fluchtartig abreisen, um nicht in das drohende Verderben hineingerissen zu werden. Ob das Unglück über Samos hereinbricht und auf welche Weise, bleibt offen, obgleich bei Herodot berichtet wird, daß Polykrates persischem Verrat zum Opfer fiel und im Jahre 522 in Sardes ans Kreuz geschlagen wurde. Schiller beendet die Erzählung mit der Abreise des ägyptischen Königs. Der ›offene Schluß‹ ist für eine erzählende Dichtung dieser Zeit ungewöhnlich und weist schon darauf hin, daß es nicht um die Katastrophe selbst geht, sondern um die Bedrohung, um die »Unsicherheit der menschlichen Existenz am Beispiel scheinbarer extremer Sicherheit«.[13]

In dem oben zitierten Brief an Goethe schreibt Schiller im Zusammenhang mit dieser Ballade, daß die Zeit für die Darstellung von Ideen ergiebig sei. Welche Idee ließe sich hier auffinden?

12 Gerhard Storz, *Der Dichter Friedrich Schiller*, Stuttgart 1968, S. 251.
13 Herbert Kraft, *Um Schiller betrogen*, Pfullingen 1978, S. 196.

Schiller hat darauf verzichtet, Polykrates deutlich als Tyrannen darzustellen und die drohende Strafe der Götter mit seiner Gewaltherrschaft zu verknüpfen, ein Zusammenhang, der in den Quellen durchaus vorhanden ist. Auch das in der griechischen Tragödie so häufige Motiv der Hybris, des Stolzes über die eigene Tat und des Hochmuts gegenüber anderen Menschen, spielt als Grund für die Bestrafung kaum eine Rolle. Freilich ist der Satz: »Gestehe, daß ich glücklich bin!« problematisch. Denn das, was eigentlich in Frageform gehörte (»Bin ich nicht glücklich?«), wird hier als Gehorsam verlangender Befehl des Tyrannen formuliert, der keine Widerrede duldet – und das einem Gastfreund gegenüber.

Dennoch: die größte ›Schuld‹ des Polykrates scheint allein in seinem Übermaß an Glück zu liegen, das dem Menschen nicht zukommt. Die Idee, die dem Gedicht zugrunde liegt, könnte also sein: Vollkommenes Glück steht dem Menschen nicht zu, die menschliche Existenz ist, wie der ägyptische König erfahrungsgesättigt sagt, eine gemischte: »Des Lebens ungemischte Freude / Ward keinem Irdischen zuteil« (53 f.). Besitzt er dennoch ein Übermaß an Glück, so muß er sich ständig bedroht fühlen. So ist der glückliche Mensch also unwissend immer schon der unglückliche, weil er der bedrohte ist. Und zwar ist er unglücklich, *bevor* überhaupt irgendein konkretes Unglück ihn getroffen hat, er weiß nur nichts davon. Das Geschenk des Glücks ist »bei näherem Hinsehen ein Fluch, nicht nur, weil es den Samen späteren Unheils in sich trägt, sondern weil der mit Glück Geschlagene auf eine befremdende, auch die Freundschaft zerstörende Weise aus den Grenzen des Menschseins herausgetreten ist. Das Glück vereinsamt ihn und läßt ihn mit Besitztümern allein, von denen niemand, nicht einmal er selber, wissen kann, wieweit sie wirkliche Gaben und nicht nur verhängnisvolle Täuschungen sind.«[14]

14 Benno von Wiese, *Schiller*, Stuttgart ^{4}1978, S. 617.

Die Kraniche des Ibykus. Am 16. August 1797 beendet, 1798 im *Musenalmanach 1799* veröffentlicht.

Der weithin bekannte und berühmte griechische Dichter und Sänger Ibykus (um 530 v. Chr., aus Rhegion in Unteritalien, dem heutigen Reggio di Calabria) ist auf dem Weg nach Korinth zu einem Athleten- und Dichterwettstreit, der zu Ehren des Meergottes Poseidon stattfindet, begleitet von einem Zug von Kranichen. Er kann in der Ferne den Burgberg von Korinth schon sehen, da wird er in einem dem Poseidon geweihten Fichtenhain von zwei Räubern überfallen, ausgeraubt und getötet. Während der Freveltat überfliegen die Kraniche den Hain, und sterbend ruft Ibykus sie als Zeugen des Mordes an.

Als die Tat in der Stadt bekannt wird, sind die Bürger und die vielen dort versammelten Besucher der Festspiele aus allen Gegenden der griechischen Welt entsetzt. Die empörte Frage macht die Runde, ob es wohl der Mörder gewagt habe, sich unter die Anwesenden zu mischen. Dann beginnt das Festspiel mit einer Theateraufführung, und der Chor der Eumeniden oder Erinnyen, der Rachegöttinnen, zieht, grausig anzusehen, mit einem finster-drohenden Eingangsgesang in das Halbrund des Theaters ein. Sie warnen den schuldigen Helden des Theaterstücks und drohen, ihn nie wieder in Ruhe zu lassen, bis zum Tode. Die Wirkung ihrer Worte ist groß: »Und Stille wie des Todes Schweigen / Liegt überm ganzen Hause schwer, / Als ob die Gottheit nahe wär« (138–140). Dann verschwinden die furchterregenden Gestalten von der Bühne. Plötzlich hört die erschütterte Menge von einem der obersten Ränge eine Stimme: »Sieh da! Sieh da, Timotheus, / Die Kraniche des Ibykus!« (155 f.). In diesem Augenblick überfliegt ein Zug Kraniche das Theater, und allen ist plötzlich klar: Die Mörder haben sich selbst verraten, das ist die Macht der Göttinnen, die das Böse unter den Menschen verfolgen und die eben auf der Bühne dargestellt worden sind. Die beiden werden ergriffen und vor den Richter geschleppt.

Schiller geht hier, wie in seiner ›klassischen‹ Phase immer wieder, in eine frühere Zeit der menschlichen Bewußtseinsentwicklung zurück, um zu zeigen, welche Wirkung Kunst in jenem alten, wahrhaft ›ergreifenden‹ Sinne noch haben konnte. Er geht offenbar davon aus, daß damals das, was heute etwa unserem Gewissen entspricht, noch nicht als eine »Instanz« im Menschen empfunden wurde, sondern, in der Tragödie bildhaft gespiegelt, als verfolgende Rachegöttinnen der Unterwelt auftrat. Damit wäre das Theater wahrhaft eine »moralische Anstalt« gewesen. Theater nicht als Institution für irgendwie gearteten ästhetischen Genuß, sondern Volkserziehungseinrichtung zur Wertevermittlung, zur moralischen Erziehung. Dichtung, Erziehung, Religion sind noch ungetrennt. So zumindest mag es Schiller empfunden haben, immerhin feiert er die Ungeschiedenheit dieser menschlichen Kulturbereiche im Griechentum in seinem Gedicht *Die Götter Griechenlands.* Eine solche Auffassung von der Wirkung der Kunst kann vor allem in den Stücken des Aischylos gesehen werden, in besonderer Weise in seinen *Eumeniden*, dem dritten Stück seiner *Orestie.* Hier findet auch der interessante bewußtseinsgeschichtliche Wechsel der Benennung statt: aus den Erinnyen (den Grausigen) werden die Eumeniden (die Segenspendenden). In den Tragödien des Euripides ist dieses »gespiegelte Gewissen« dann bereits verschwunden. Auch Schiller verwendet beide Benennungen. Er spricht von der »Erinnyen Gesang« (118) und stellt diese auch äußerlich als grausige Wesen dar, läßt dann aber in den Herzen der Zuschauer die Ahnung von der »Eumeniden Macht« (172) aufkommen.

Den Hinweis auf den Stoff dieser Ballade hat Schiller von Goethe erhalten, und die endgültige Fassung ist unter starker Teilnahme Goethes entstanden. Auch Wilhelm von Humboldt hat beigetragen, indem Schiller das Lied des Chores aus Aischylos' Tragödie *Die Eumeniden* in der Übersetzung Humboldts benutzt hat.

Die Bürgschaft. Am 30. August 1798 wurde die Ballade nach nur dreitägiger Arbeit beendet. 1798 Erstdruck im *Musenalmanach 1799*.

In mancher Hinsicht erinnert diese Ballade an den *Tell*: Ein moralisch integrer Mensch plant den Tyrannenmord. Doch im Gegensatz zu Tell scheitert er. Der Erfolg seiner Handlung zeigt sich auf einer ganz anderen Ebene.

Damon (in der ersten Fassung heißt er noch Moeros), ein Bürger aus Syrakus, schleicht sich in den Palast des Tyrannen Dionys, um diesen zu ermorden und damit die Stadt von der Gewaltherrschaft zu befreien. Die Wächter ergreifen ihn und bringen ihn vor den Tyrannen. Damon weiß, daß er sterben muß, dennoch erbittet er von dem Grausamen drei Tage Aufschub, um an einem fernen Ort, offenbar stellvertretend für den nicht mehr lebenden Vater, seine Schwester zu verheiraten. Als Bürgen für die Rückkehr bietet er dem König seinen Freund an, ohne jedoch mit diesem darüber gesprochen zu haben. Der Tyrann willigt ein, mit der sadistischen Bemerkung und Aufforderung zum Treuebruch, den Freund nach drei Tagen hinzurichten, ihm aber, sollte er später kommen, die Strafe zu erlassen. Damon, der noch das wortlose Einverständnis des Freundes einholt, macht sich auf die weite Reise.

Er kann alles nach Wunsch ordnen, doch auf der Rückreise am dritten Tag stellt sich ihm ein Unglück nach dem anderen in den Weg, und die rechtzeitige Rückkehr wird immer unwahrscheinlicher: ein Unwetter mit Überschwemmung verzögert die Überquerung eines Flusses, den er aber dann doch schwimmend bezwingen kann; Räuber, die ihn überfallen, bezwingt er todesmutig; und als ihn schließlich der Durst peinigt und ihn die Kräfte verlassen, findet er nach flehentlichem Gebet um Rettung wie durch ein Wunder eine Quelle. Er eilt weiter und ist der Stadt schon nahe, da trifft er auf zwei Wanderer, die er sagen hört: »Jetzt wird er ans Kreuz geschlagen!« Auch die Warnung seines ihm entgegenkommenden Haushofmeisters, wenn schon die Rettung des Freundes aussichtslos sei, doch wenigstens das eigene Leben zu retten, hält ihn nicht auf. Er läuft unter Aufbietung aller Kräfte und kann den Freund im letzten Augenblick vor der schon eingeleiteten Hinrichtung bewahren. Die gaffende Menge ist gerührt, der grausame Tyrann ist menschlich bewegt, weil er erlebt, was Freundschaft und Treue ist, und er bittet, in ihren Freundschaftsbund aufgenommen zu werden.

Viel ist über diese Ballade gespottet worden, nicht zuletzt deshalb, weil sie zu einem der berüchtigten ›Steinbrüche‹ für Schiller-Zitate geworden ist und als wohlfeiles Alibi für miserables menschliches Miteinander gelten konnte. Brecht hat ihr ein ganzes Sonett[15] gewidmet – um darüber zu spotten, daß ein vom Tode Bedrohter »stur« zurückkehrt und ein Tyrann durch eine solche Verhaltensweise wie die Damons Mensch geworden sein soll. Da konnte er nur mit dem Vers schließen: »Am End war der Tyrann gar kein Tyrann!« Und er schrieb das in einer Zeit, in der in Europa die Diktatoren sich hemmungslos auslebten und einem von ihnen Schiller sogar »als Kampfgenosse« zugeordnet wurde.[16]

Das Ansehen dieser Ballade wurde zudem geschmälert, weil sie neben dem *Lied von der Glocke* für viele Generationen von Schülern stures Paukpensum war. Doch sei zum Verständnis der Ballade noch ein Blick auf den Kontext der Schillerschen Ästhetik geworfen. Das, was Schillers Anliegen und Problem von Anfang an war, nämlich die Frage seiner Dissertation, wie denn die tierische Natur des Menschen mit seiner geistigen zusammenhinge, hat hier eine Antwort gefunden. Die rohe Natur tritt in menschlichen und nichtmenschlichen Formen auf und wird schließlich von dem einen überwunden, der es vermag, nach dem Ideal der Treue und der Freundespflicht zu leben und zu handeln. Der Tyrann zeigt in seiner Gewaltherrschaft eine rohe Form des Umgangs mit Menschen; sie spiegelt sich in den Räu-

15 Bertolt Brecht, *Gesammelte Werke*, Bd. 9, Frankfurt a. M. 1967, S. 611.
16 Vgl. S. 34, Anm. 18.

bern, die sich, wie die Tiere, gewaltsam des Eigentums und des Lebens eines anderen bemächtigen wollen; und die gaffende Menge am Hinrichtungsplatz zeigt ebenfalls ein rohes, unmenschliches Verhalten; aber auch die natürlichen Bedürfnisse Damons, der Durst und die Erschöpfung, stehen gegen das Ideal. Und in ihrer reinsten Form tritt Natur dann in den Naturgewalten, und damit als ›nichtmenschliche‹, auf: im Unwetter, dem über die Ufer tretenden Fluß und in der glühenden Hitze.
Alles, was Damon als Hindernis gegenübersteht, wird von ihm überwunden, sogar die unabwendbare Einsicht, etwas völlig Sinnloses zu tun, weil der Tod des Freundes ja gewiß ist, hält ihn nicht ab. Freilich kann er die Räuber nur seinerseits mit Gewalt überwinden, doch die Roheit des Tyrannen und die der gaffenden Menge werden von der Handlung seiner »schönen Seele« überwunden und auf eine höhere Stufe des Menschseins gehoben. Der Begriff der »schönen Seele« ist ein Ergebnis von Schillers Nachdenken über das Schöne. In seinem Essay *Über Anmut und Würde*[17] beschreibt er sie so: »In einer schönen Seele ist es also, wo Sinnlichkeit und Vernunft, Pflicht und Neigung harmonieren, [...].« Daß der Mensch dem Menschen ein Wolf sei, dieses alte römische Sprichwort steht quer zu der Ballade, und auch die Botschaft des aktuellen Pop-Songs »Du mußt ein Schwein sein« (um in der Gesellschaft des 20. Jahrhunderts bestehen zu können) zeigt, wie unendlich weit wir von Schiller entfernt sind – aber auch von Brecht, der trotz allem Spott auch Moralist war.

Die Worte des Glaubens. 1797 entstanden und zuerst im *Musenalmanach 1798* veröffentlicht.
Das fünfstrophige Gedicht wirkt auf den heutigen Leser in seiner moralischen Direktheit befremdlich. Die erste Stro-

17 Vgl. S. 151.

phe kündigt drei inhaltsschwere Worte an, die oft genannt würden, deren Ursprung jedoch verborgen sei. Sie kommen aus dem Herzen, gehören also zum Innersten des Menschen. Am Schluß der ersten Strophe, die in der letzten dann eine Variation erfährt, steht eine Aussage, die durch die Art ihrer Formulierung jeden Widerspruch zurückweist: Der Mensch verliert seinen Wert, »wenn er nicht mehr an die drei Worte glaubt«.

Auffallend ist, wie schon mit der Anrede »Drei Worte nenn ich euch« die Aussage des Gedichts auf eine Ebene absoluter Allgemeingültigkeit, ja Unwiderlegbarkeit gehoben wird. Der Dichter, der hinter diesem »nenn ich« steht, erscheint als Verkünder höchster Wahrheiten, die das Wesen des Menschen ausmachen. Dann werden die drei Worte vorgestellt: Freiheit, Tugend, Glaube an Gott.

Die erste der drei Strophen, die ›Freiheitsstrophe‹, ist die bekannteste, deren erste Verse oft isoliert zitiert werden, weil sie in geradezu klassischer Prägung einen Grundgedanken Schillers zeigen: »Der Mensch ist frei geschaffen, ist frei / Und würd er in Ketten geboren [...]«. Acht Jahre nach Ausbruch der Französischen Revolution und vier Jahre nach ihrer Entartung zum Terror sieht sich Schiller freilich im Mittelteil der Strophe genötigt, Besorgnisse vor des Pöbels Freiheitsgeschrei und dem Mißbrauch der Freiheit durch die rasenden Toren, d. h. die gewalttätigen Revolutionsführer, auszuräumen und den sich befreienden und freien Menschen als nicht furchteinflößend zu bezeichnen: »Vor dem Sklaven, wenn er die Kette bricht, / Vor dem freien Menschen erzittert nicht.«

Die zweite, die ›Tugendstrophe‹, erschließt sich ungleich schwerer. Zu Beginn gleich die Versicherung, daß Tugend kein bloßes Wort sei, sondern eine fortwährende Aufgabe für den übenden Menschen. Tugend kann der Mensch nicht beschließen, er muß sie immer wieder, trotz aller Rückschläge, übend erstreben, ihre göttliche Abkunft dabei vor Augen. Und dann der überraschende Schluß: Tugend hat nichts mit Verstand zu tun, der deren göttlichen Ursprung nicht zu erkennen vermag, sondern sie zu üben ist die Fähigkeit einer vorrationalen Seelenhaltung, die sich am reinsten im Gemüt des Kindes ausprägt. Wie dieses übende Streben nach Tugend geschehen kann, hat Schiller in dem Epigramm *Die zwei Tugendwege* knapp formuliert: Der glückliche Mensch kann handelnd Tugend erstreben, der leidende hingegen, indem er duldet. Das heißt, der Mensch, der sich ohne Sorge ganz seiner Tätigkeit für andere hingeben kann, ohne ständige Reflexion über sein Tun, ist vom Glück begünstigt und auf dem Weg zur Tugend. Reine Tätigkeit ist Tugend. Der Mensch, der sein Leid trägt, duldet. Dieses Dulden wird zur Tugend, auch deshalb, weil es für andere Menschen beispielhaft ist.

Die dritte Strophe ist der Gottheit gewidmet. Drei Aussagen werden von ihr gemacht: Gott ist »heiliger Wille«, das heißt Wille ohne Egoismus. Die meisten menschlichen Willensentscheidungen sind egoistischer Natur, sie passen sich der jeweiligen Situation an und sind deshalb »schwankend«. Gott ist der »höchste Gedanke«, der alles umfaßt. Dieser höchste Gedanke ist aber »lebendig«, d. h. nicht in Abstraktion erstarrt. Und die dritte Bestimmung erfaßt Gott als »ruhigen Geist«, der in allem Wechsel irdischer und kosmischer Entwicklung beharrt.

Die Schlußstrophe variiert die Eingangsstrophe in Bau und Aussage, wobei der mahnende Charakter des Anfangs noch gesteigert erscheint. Schon der erste Vers enthält statt der bloßen Ankündigung der drei Worte den beschwörenden Imperativ, die drei Worte zu bewahren und sie unter den Menschen von Mund zu Mund weiterzugeben. Eine Steigerung zeigt sich auch in der zweimaligen Hinwendung zu den ›Empfängern‹ der Mahnung durch die Personalpronomina »euch« und »euer«. So ist denn auch das abschließende Verspaar insofern eine steigernde Variation, als der zu bewahrende Wert des Menschen mit unbeirrbarer Sicherheit im Glauben an diese drei Worte gesehen wird.

In der Schiller-Literatur wird dieses Gedicht meist übergangen, wahrscheinlich, weil sein fast ›dogmatisch‹ anmutender

Charakter Distanz schafft und befremdet. Benno von Wiese meint immerhin, daß es »Ausdruck seiner [Schillers] Glaubenskraft und Glaubensüberzeugung« sei. Sollte das konfessionell gemeint sein, so wäre dies für Schiller zweifelsohne zu eng, aber ohne Zweifel enthält dieses Gedicht eine tiefreligiöse Grundstimmung.[18] Doch von Wiese fährt fort, die Aussage des Gedichts sei »weniger als Erkenntnisaussage, sondern vielmehr als Urwort gemeint«, das »normativ setzende, geistige Kraft«[19] habe. Dabei denkt er sicher auch an Goethes *Urworte. Orphisch*, die freilich erst über zwanzig Jahre später entstanden sind. Das hieße ein bekenntnishaftes und feierliches Aussprechen tiefster Überzeugungen, die nicht hinterfragbar sind.

Nänie. 1799 entstanden und 1800 im ersten Band der Ausgabe der Gedichte veröffentlicht. Über der Entstehung dieses Gedichts liegt ein rätselhaftes Dunkel; es gibt kaum Anhaltspunkte, wann genau und aus welchem Anlaß es entstanden ist. Doch verdeutlichen wir uns die Entstehungssituation: Ein Mann, der sein Leben lang über die Schönheit nachgedacht hat, schreibt sechs Jahre vor seinem Tod ein Gedicht über die Sterblichkeit der Schönheit, ein resignativ klingendes Gedicht, das zugleich eines seiner schönsten, wenn nicht gar das schönste ist.
Als er das Gedicht schrieb, konnte er bei seinen Lesern noch voraussetzen, daß sie den Titel ohne Schwierigkeiten verstanden. Wir müssen nachschlagen – falls wir mit dem Titel zu verstehen beginnen wollen – und stellen fest: ›Klagegesang‹, aufgebaut wie *Der Spaziergang* aus Distichen, d. h. Verspaaren aus Hexameter und Pentameter. Es ist die letzte von Schillers Elegien. Der erste Vers beginnt mit dem

18 Freilich muß man bedenken, daß er an den Komponisten Karl Friedrich Zelter am 7. August 1797 geschrieben hat, dieses Gedicht könne »vielleicht im Geiste der Kirchengesänge« gesungen werden.

19 von Wiese (Anm. 14), S. 601.

schmerzlich-verwunderten Ausruf »auch« – ›sogar‹ das Schöne, dem die Menschen *und* die Götter nicht widerstehen können, verfällt dem Tode. Ohne daß man sofort im einzelnen weiß, worauf sich die drei folgenden, jeweils mit rhythmisch betontem »nicht« eingeleiteten Beispiele beziehen, ahnt man, daß mit ihnen höchste Erscheinungsformen für das vergängliche Schöne gemeint sind. Die Namen Aphrodite und Zeus führen in die griechische Mythologie. Diese Bezüge gilt es zunächst zu klären.

Der »stygische Zeus« ist »Schattenbeherrscher«, doch er ist nicht Zeus, der Herr des Götterhimmels, sondern er herrscht nur *wie* Zeus, aber eben über das Reich der Schatten. Zwar kommt das Wort Tod nicht vor, aber die Schatten sind die Toten. Einmal nur hat Hades, der Schattenbeherrscher, das strenge Gesetz gelockert, daß kein Mensch den Weg aus seinem Reich, dem Orkus, zurück auf die Erde gehen könne. Der Gesang des um seine verstorbene Frau Eurydike trauernden Orpheus rührt den Herrscher der Unterwelt so, daß er dem liebenden Sänger gestattet, die Tote hinaufzuführen ans Licht. Er dürfe sich jedoch nicht nach ihr umwenden. Fast gelingt es Orpheus, doch vor dem letzten Schritt in die irdische Welt vermag er nicht mehr dieses harte Gebot zu befolgen – da verliert er die geliebte Frau für immer. Aphrodite, als Tochter des Zeus selbst Göttin, hält ihren durch einen Eber tödlich verletzten schönen Geliebten Adonis klagend im Arm und muß sich dem unerbittlichen Gesetz des Todes fügen.

Und auch Thetis, die göttliche Mutter des am skäischen Tor, dem Westtor von Troja, gefallenen Helden Achill, konnte zusammen mit allen Nereiden (Nymphen), den Musen und den griechischen Helden den herrlichen Toten siebzehn Tage nur beklagen. An dieser Stelle beginnt der nächste Vers (11) mit einem auffordernden »Siehe«. Der Leser wird dadurch in die höchste Form der schönen Klage hineingenommen, denn sein Blick wird darauf gelenkt, daß die ergreifenden Klagen der Thetis und der Nereiden um den schönen Jüngling sogar die Götter im Olymp rühren. An diesem

Mitleidsschmerz der Götter setzt der Schluß und der ›Trost‹ des Klageliedes, der *Nänie,* an, wieder mit einem »auch«, untermischt mit der Nuance ›nur‹. Das Klagelied ist als Kunstwerk ein Zeugnis der Schönheit, von Menschen geschaffen, um das im Tode verlorene Schöne zu preisen. Da es aus dem Mund liebender Menschen ertönt, ist es herrlich und setzt sich gegen das Gemeine, d. h. die bloße Natur, die schweigend der Notwendigkeit der Naturgesetze folgen muß, als göttlich *und* menschlich ab. Es setzt sich aber auch ab von dem Sterben der unzähligen Ungenannten, denen kein Liebender ein Preis- und Klagelied singt.

Auffallend ist, daß Schiller mit Orpheus und Hades den Beinahe-Sieg der Schönheit über das Gesetz des Todes und dessen Umschlag in die endgültige Unbesiegbarkeit gleichzeitig darstellt: Hades ist durch die Schönheit und den Schmerz von Orpheus' Gesang bewegt und gestattet ihm, die auch um ihrer Schönheit willen geliebte Eurydike mit sich zu nehmen. Die lieblos-harte Bedingung, die er Orpheus stellt, läßt jedoch den momentanen Sieg der Schönheit über den Tod wieder zuschanden werden. Es fällt weiter auf, daß diese Miniaturdarstellung des Orpheus-Mythos der einzige Textteil des Gedichtes ist, der in seiner sprachlichen Gestalt das Präteritum zeigt: zitierter Mythos, Beispiel für die Schönheit menschlicher Klage, die einmal das Gesetz fast durchbrochen hätte. Sonst herrscht das Präsens vor, Zeichen für die Gegenwärtigkeit, die Zeitlosigkeit des Gesetzes und der Klage, auch der göttlichen.

Daß dieses Gedicht auch Klage »auf die verlorenen Illusionen des Dichters im Hinblick auf die Realisierbarkeit der eigenen kunstphilosophischen Entwürfe«[20] sein könnte, liegt nahe.[21] Dann aber stünden die Schlußverse aus den *Göttern*

20 Ernst Osterkamp, »Das Schöne in Mnemosynes Schoß«, in: *Interpretationen: Gedichte von Friedrich Schiller,* hrsg. von Norbert Oellers, Stuttgart 1996, S. 294.

21 Es besteht dann ein Widerspruch zu dem Gedicht *Das Ideal und das Leben* von 1795, in dem die Überwindung des Todes durch das Schöne noch Thema war.

Griechenlands (zweite Fassung): »Was unsterblich im Gesang soll leben, / Muß im Leben untergehn« dem entgegen, denn da war für ihn kein Grund zur Klage über verlorene Illusionen. Warum soll für einen Philosophen wie Schiller, der dem natürlichen Teil des Menschen stets sein volles Recht neben dem geistigen einräumt und die beiden zu versöhnen sucht, die Einsicht, daß nichts sich dem Tode als dem Grundgesetz alles Irdischen entziehen kann, desillusionierend sein? Es ist ein Triumph des Schönen und damit des Geistes, wenn das gestorbene Schöne in der Schönheit des Gesanges weiterlebt und unsterblich wird. »Der Gesang selbst, die Totenklage, die den Verlust des Schönen auf Erden verklärend begleitet und aufbewahrt, ist zum unantastbaren, höchsten Schönen geworden.«[22]

Norbert Oellers spricht in seiner Interpretation der *Nänie* zwar auch von Skepsis und Resignation Schillers um 1800, doch er betont, daß Schiller dennoch nicht aufgehört habe, »der Kunst *diese* Aufgabe zuzuweisen: dem Menschen Auskunft zu geben über sich selbst. Auch die Elegie [*Nänie*] – in der Benennung des Schrecklichen, der Beschwörung des vergeblichen Widerstandes gegen den Tod – versucht, den Menschen menschlicher zu machen, indem sie ihn aufklärt, an die Wahrheit heranführt, auch an jene, in der die gemeine Wirklichkeit der Dinge erscheint.«[23]

2. Dramen

Die Räuber. Ein Schauspiel in 5 Akten. Prosa. 1777 begonnen, 1780 beendet. 1781 anonym im Selbstverlag erschienen. 13. Januar 1782 Uraufführung in Mannheim.

Der alte Graf Maximilian von Moor in Franken wird von seinem mißgestalteten und mißgünstigen Sohn Franz, der vor nichts zurückschreckt, immer wieder bedrängt, den

22 von Wiese (Anm. 14), S. 594.

23 Oellers (Anm. 5), S. 104.

Schiller trägt im Stuttgarter Bopserwald seinen Freunden die »Räuber« vor. Zeichnung von Viktor von Heideloff

älteren, begabten und charakterlich sympathischen Bruder Karl, der in Leipzig studiert und ein wüstes Studentenleben führt, zu enterben. Dieser Plan gelingt, weil Franz den entscheidenden Brief unterschlägt, in dem Karl wegen seines wilden Lebens eindringlich um Verzeihung bittet und seine Heimkehr ankündigt. Statt dessen unterschiebt Franz dem Vater den fingierten Brief eines Dritten, der aus Leipzig berichtet, daß Karl nach einem Duell sogar steckbrieflich gesucht werde. Darauf läßt der alte Moor Karl durch Franz mitteilen, daß er ihn enterbe. Als Karl, der inzwischen mit einer Gruppe seiner Mitstudenten Leipzig verlassen hat, diesen Brief, von dem er sich die Verzeihung des Vaters erhofft hat, erhält, schlägt er auf seine Weise zurück. Die Familiengeschichte vom verlorenen Sohn wird zu einer Räubergeschichte. Karl zeigt nicht die kühle Berechnung seines Bruders, als er den Brief liest, sondern in hemmungsloser, geradezu rauschhafter Emotion, die die Klarheit des Denkens gänzlich beiseite schiebt, schreit er seine Enttäuschung und seinen Haß hinaus und handelt dann. Er springt vom Gefühl in die Tat – ohne einen kritischen Gedanken. Die Freunde gründen eine Räuberbande, Karl wird gegen seinen Genossen Spiegelberg zu ihrem Hauptmann gewählt und verkündet sein ›Programm‹ der Rache: »Mein Geist dürstet nach Taten, mein Atem nach Freiheit, – *Mörder, Räuber!* – mit diesem Wort war das Gesetz unter meine Füße gerollt – Menschen haben Menschheit vor mir verborgen, da ich an Menschheit appellierte, weg dann von mir Sympathie und menschliche Schonung! Ich habe keinen Vater mehr, ich habe keine Liebe mehr, und Blut und Tod soll mich vergessen lehren, daß mir jemals etwas teuer war! Kommt, kommt! – Oh ich will mir eine fürchterliche Zerstreuung machen – es bleibt dabei, ich bin euer Hauptmann! Und Glück zu dem Meister unter euch, der am wildesten sengt, am gräßlichsten mordet, denn ich sage euch, er soll königlich belohnet werden – [...]« (I,2).
Der Bruch mit der Familie ist damit vollzogen: Ein Sohn

ist durch die egoistischen Machenschaften des anderen und durch die Gutgläubigkeit eines schwachen Vaters ausgestoßen worden und beginnt nun ohne Bindung an seine Herkunft Unheil zu verbreiten.
Er zieht mit seinen Genossen raubend und plündernd durchs Land, um sich für das erlittene Unrecht zu rächen – an Menschen, die damit nichts zu tun haben. Er ist überzeugt, einer Gesellschaft, in der solche vermeintliche Ungerechtigkeit möglich ist, in der die Menschheit (Menschlichkeit) so mit Füßen getreten wird, nur mit Gewalt beizukommen. Daß er sich dabei selbst ›entmenscht‹, wird ihm erst allmählich und ab und zu bewußt.
Franz versucht währenddessen Amalie von Edelreich, Karls Braut, zu gewinnen. Doch sie weist ihn ab. Um nun aber so bald wie möglich in den vollständigen Besitz der Moorschen Güter und damit an die Macht zu kommen, faßt Franz den Plan, den Vater ein für allemal aus dem Wege zu schaffen. Er will sicher sein, daß die Enterbung nicht wieder rückgängig gemacht wird. In seinem berühmt-berüchtigten Monolog entwickelt er mit menschenverachtendem Verstand seine Mordgedanken: »Ein Licht ausgeblasen, das ohnehin nur mit den letzten Öltropfen noch wuchert – mehr ists nicht – [...].« In diesem Monolog zeigt sich seine ganze Verworfenheit, im Sinne eiskalter Berechnung den Vater ohne Gewaltanwendung zu töten: »ein Originalwerk! – wer das zustand brächte! - Ein Werk ohnegleichen! – Sinne nach, Moor! – Das wär eine Kunst, die's verdiente, dich zum Erfinder zu haben« (II,1). In der Absicht, den ›perfekten Mord‹ zu begehen, wählt er den Schreck als die wirksamste seelische Empfindung, um den alten Mann zu töten. Mit Hilfe seines Helfershelfers Hermann, der als verkleideter Bote auftritt, läßt er dem alten Moor den Tod Karls mitteilen. Von Selbstanklagen wegen der Enterbung und Verstoßung Karls gequält, fällt der alte Moor in eine todesähnliche Ohnmacht. Franz hat sein Ziel erreicht: Er läßt den Vater für tot erklären. Zudem läßt er den Boten noch mitteilen,

der sterbende Karl habe Amalie in die Hände von Franz übergeben. Er täuscht nun eine Bestattung vor und läßt den auf den Tod geschwächten Vater in einen Turm bringen.
Die Räuberbande Karls ist indessen über ihre Ziele uneins. Spiegelberg, der verhinderte Hauptmann, sieht den einzigen Sinn seines Tuns in Rauben und Morden. Karl, der ›edle Räuber‹, handelt zwar als Verfolger der Reichen und Mächtigen und als Rächer der Armen und Ausgebeuteten, doch muß er einsehen, daß auch Unschuldige, eben jene, denen er zu helfen sucht, Opfer der Raubzüge werden.
Er erkennt, daß er nicht in der Lage ist, »das Racheschwert der obern Tribunale zu regieren«, d. h. irdischer Arm der göttlichen Gerechtigkeit zu sein. Voller Scham vor dem eigenen Tun ruft er aus: »[...] hier entsag ich dem frechen Plan, gehe, mich in irgendeine Kluft der Erde zu verkriechen, wo der Tag vor meiner Schande zurücktritt« (II,3). Doch er kann die eingeschlagene Bahn nicht ohne weiteres verlassen, denn ein Angriff der Verfolger zwingt ihn auf Leben und Tod weiterzukämpfen. Aber Scham und Reue verlassen ihn nicht, und als der junge böhmische Adlige Kosinsky zu ihnen stößt und um Aufnahme in die Bande bittet, spricht Karl sehr eindringlich mit ihm, die eigene falsche Entscheidung vor Augen: »Du trittst hier gleichsam aus dem Kreise der Menschheit – entweder mußt du ein höherer Mensch sein, oder du bist ein Teufel – Noch einmal, mein Sohn! wenn dir noch ein Funken von Hoffnung irgend anderswo glimmt, so verlaß diesen schröcklichen Bund, den nur Verzweiflung eingeht, wenn ihn nicht eine höhere Weisheit gestiftet hat – man kann sich täuschen – Glaube mir, man kann das für Stärke des Geistes halten, was doch am Ende Verzweiflung ist – Glaub *mir*, *mir*! und mach dich eilig hinweg« (III,2).
Und als Kosinsky ihm seine Lebensgeschichte erzählt, ist diese der seinigen so ähnlich, daß ihn eine unstillbare Sehnsucht nach Amalia, nach der Heimat erfaßt und er sich mit der Bande spontan auf den Weg nach Franken macht.

Dort hat Amalia durch den reuigen Hermann erfahren, daß Karl noch lebt, und so sind alle Versuche von Franz, nun Herr der Moorschen Güter, sein letztes Ziel zu erreichen, nämlich Amalia zu gewinnen, aussichtsloser denn je.
Im 4. Akt werden die beiden Handlungsstränge wieder zusammengeführt. Karl läßt sich durch Kosinsky als Graf von Brand im Schloß melden und wird von Amalie empfangen. Sie erkennt ihn jedoch nicht. Franz hingegen ist fast davon überzeugt, daß der Fremde Karl ist, er zögert aber, ihn zu ermorden. Karl wird von dem alten Diener Daniel an einer Narbe der Hand erkannt, erfährt von den Taten seines Bruders, möchte jedoch nicht bleiben. Er kehrt, vom Gefühl gegenüber Amalie fast überwältigt, wieder in den Wald zurück. Dort wird Spiegelberg, der Karl aus Rivalität ermorden will, von Schweizer erstochen. Karl sieht sich in einer ausweglosen Lage und will Selbstmord begehen, doch dann beschließt er einigermaßen unmotiviert plötzlich: »Nein! Ich wills dulden! [...] Ich wills vollenden!« Da erscheint Hermann, um dem alten Moor im nahen Turm Essen zu bringen. Karl stellt ihn zur Rede, befreit seinen Vater und erfährt, was in seiner Abwesenheit vorgegangen ist. Er befiehlt, Franz herbeizubringen. Dieser hat inzwischen all seine zynische Rationalität verloren und wird zu einer aus Todesangst und Gewissensnot winselnden Kreatur. Nach einem Gespräch mit dem Pastor Moser, dessen überlegene Glaubensfestigkeit ihn völlig außer Fassung bringt, erdrosselt er sich vor den hereinstürmenden Räubern.
Die letzte Szene bringt nach alter Theatertradition die Wiedererkennung der Getrennten, aber in ihr bricht auch die Katastrophe herein: Als der alte Moor von Karls Räuberexistenz hört, stirbt er vor Entsetzen; Amalia bekennt sich jedoch in leidenschaftlicher Liebe zu Karl, der noch einmal für einen Augenblick wie im Glück zu schweben scheint. Da die Räuber ihm nun aber Treuebruch vorwerfen und Amalia als Beute fordern, bittet Amalia darum, getötet zu werden. Und als einer der Räuber sie bedroht, ersticht Karl sie: »Moors Geliebte soll nur durch Moor sterben!« Dann

zieht er die Summe seines Lebens: »O über mich Narren, der ich wähnete die Welt durch Greuel zu verschönern, und die Gesetze durch Gesetzlosigkeit aufrecht zu halten. Ich nannte es Rache und Recht – Ich maßte mich an, o Vorsicht, die Scharten deines Schwerts auszuwetzen und deine Parteilichkeiten gutzumachen – aber – O eitle Kinderei da steh ich am Rand eines entsetzlichen Lebens, und erfahre nun mit Zähnklappern und Heulen, daß *zwei Menschen wie ich den ganzen Bau der sittlichen Welt zugrund richten würden*« (V,2). Er zieht die Konsequenz und läßt einem armen Tagelöhner das Kopfgeld, das auf ihn ausgesetzt ist, zukommen, indem er sich selbst ausliefert.

Die Interpreten haben lange mit diesem Stück zu tun gehabt, und seine Wirkungsgeschichte zeigt viele Facetten. Das hängt wohl damit zusammen, daß die Erkenntnis von der »Mehrdimensionalität dieses Schillerschen Jugenddramas«[24] immer wieder aus dem Bewußtsein gerutscht ist. So ist das Urteil verständlich: »Vereinseitigende Gesamtinterpretationen sind letztlich Verfälschungen.«[25] Zu diesen vereinseitigenden Interpretationen gehörte vor allem die Auffassung, es handle sich um ein Revolutionsstück. Dazu trug auch die – freilich von Schiller nicht akzeptierte – Inschrift auf dem Titelbild der zweiten Auflage bei: »in Tirannos« – gegen die Tyrannen. Daß Schillers Empörung gegen die Zeit und die ›Entlastung‹ von eigenen Jugenderlebnissen als Ausdruck der Sturm-und-Drang-Epoche in diesem Stück enthalten sind, braucht kaum betont zu werden. Daß diese Erlebnisse das Stück nicht im Sinne eines Revolutionsdramas oder einer Anklage gegen die gesellschaftlichen Zustände seiner Zeit geprägt haben, ist aber inzwischen erwiesen.[26] Es ist nicht das Drama des Revolutionärs Karl,

24 Helmut Koopmann, *Schiller-Forschung 1970–1980*, Marbach 1982, S. 63.
25 Ebenda.
26 Vgl. Walter Hinderer, *»Die Räuber«*, in: *Interpretationen: Schillers Dramen*, hrsg. von Walter Hinderer, Stuttgart 1992, S. 11–67.

sondern das zweier Brüder mit unterschiedlichen moralischen Defiziten. Beide zeigen Abweichungen im Menschlichen, die letztlich in den Untergang führen. Der Theaterkritiker Jost Nolte gab seiner Rezension von Hans Lietzaus *Räuber*-Inszenierung am Münchner Residenztheater 1968 den Titel: »Ebenbürtig im Unheil: die Brüder Moor«. Und er weist pointiert auf den Tod des alten Moor hin, »denn es ist ja nicht Franz, der den alten Moor durch Schreck tötet. Der Räuber Karl wird dieses Geschäft besorgen. Die Brüder Moor arbeiten Hand in Hand.«[27] Welche Qualität jeweils das unheilvolle Böse hat, dem bei aller Unterschiedlichkeit beide Brüder dienen, hat Gerhard Storz sehr präzise formuliert: »Franz und Karl sind so geschieden und verschieden wie Nacht und Tag – der Jüngere nur Intellekt, Kälte, Machtwille, der Ältere ganz Feuergeist und Herzenswallung.«[28] Formelhaft könnte man sagen: Kopf handelt ohne Gefühl – Gefühl handelt ohne Kopf. Die eigentlich menschliche Handlung aus Kopf und Gefühl fehlt.

Schiller ›liebte‹ Karl, und dennoch steckt er in beiden Brüdern: Das, was er durch seine Erziehung an aufklärerischen Denkgewohnheiten, an scharfsinnigen Klügeleien kennengelernt hat, was ihm an materialistischer Auffassung vom Menschen, an kalter Menschenverachtung und an Atheismus begegnet ist, all das, was auch wie die Summe eines zu Ende gehenden Jahrhunderts der ›Vernunft‹ aussieht, lebt in Franz und wird von ihm in zerstörerischer Weise angewandt. Der heißblütige und idealistische Karl kämpft zwar unbarmherzig gegen Ungerechtigkeit und Ausbeutung, empört sich gegen die Heuchelei der Kirche und die verrottete höfische Moral, dennoch trägt dieser Kampf nicht einen

27 Christian Grawe, *Erläuterungen und Dokumente, Friedrich Schiller, »Die Räuber«*, Stuttgart 1976, S. 209 f.

28 Friedrich Schiller, *»Die Räuber«. Vorreden, Selbstbesprechung, Textvarianten, Dokumente*, zusammengest. von Walter Hess. *Mit einem Essay »Zum Verständnis des Werkes«* von Gerhard Storz, Reinbek bei Hamburg 1965, S. 228.

Friedrich Schiller.
Ölgemälde von Jakob Friedrich Weckherlin (Zuschreibung),
um 1780

Funken von Zukunft in sich. Er kann nur zum Scheitern verurteilt sein. Aber gerade Zukünftiges, Prometheisches – gegenüber dem Rückwärtsgewandten, Alten – wünscht sich Karl. Und so sind Stellen, in denen er die Kraftlosigkeit seines Jahrhunderts verurteilt, für die Beurteilung von Schillers Entwicklung vielleicht wichtiger als seine Anklagen der gesellschaftlichen Mißstände, weil diese Kraftlosigkeit für ihn zugleich Aussichtslosigkeit auf Veränderung ist, die er sucht. Und Veränderung ist mehr als gewaltsamer Aufruhr, der alles Bestehende nur zerstört. »Der lohe Lichtfunke Prometheus' ist ausgebrannt, dafür nimmt man itzt die Flamme von Bärlappenmehl – Theaterfeuer, das keine Pfeife Tabak anzündet.[29] Da krabbeln sie nun wie die Ratten auf die Keule des Herkules, und studieren sich das Mark aus dem Schädel, was das für ein Ding sei, das er in seinen Hoden geführt hat? Ein französischer Abbé doziert, Alexander sei ein Hasenfuß gewesen, ein schwindsüchtiger Professor hält sich bei jedem Wort ein Fläschchen Salmiakgeist vor die Nase und liest ein Kollegium über die *Kraft*« (I,2). Das ist ätzender Spott über die Wissenschaft der Aufklärung und kraftmeierisches Protzen im Stile der Dichter des Sturm und Drang. Dennoch: solche Zeitgenossen gab es, von ihnen war keine Veränderung zu erwarten, sie konnten nicht einmal verstehen, daß Veränderung notwendig sei. Das Große und Neue im Menschen, dessen reale Ausprägung Karl Moor nur ahnt, deutet sich in seiner Polemik gegen das Gesetz an: »Nein, ich mag nicht daran denken. Ich soll meinen Leib pressen in eine Schnürbrust und meinen Willen schnüren in Gesetze. Das Gesetz hat zum Schneckengang verdorben, was Adlerflug geworden wäre. Das Gesetz hat noch keinen großen Mann gebildet« (I,2). Der Adlerflug ist es, den er für ein Zeitalter ersehnt, dessen schöpferische Kräfte zum langsamen Kriechen und zum Wiederkäuen herabgekommen sind oder das sich in »Bie-

29 Die Samen des Bärlapp dienten früher als »Blitzpulver« für kurze, helle Lichteffekte auf der Bühne.

nensorgen« und »Mäusegeschäften« erschöpft. Der königliche Vogel des Hochgebirges ist das Bild für das Große und Neue.

Kein Wunder, daß solche Worte und Bilder Leser und Zuschauer hinrissen. Ein kritischer Beobachter könnte freilich den Eindruck gewinnen, das ganze rhetorische Aufbegehren Karls sei von außen gesehen ebenfalls »Theaterfeuer«, Schiller brenne »Theaterfeuer« vor den Augen seiner Zuschauer und Leser ab. Dieser Eindruck könnte sich auf die ersten Zeugnisse der Wirkung des Stückes stützen, das einer der großen Bühnenerfolge in der deutschen Theatergeschichte ist. Über die Publikumsreaktionen bei der Uraufführung des Stückes, am Abend des 13. Januar 1782, berichtet z. B. ein Augenzeuge: »Das Theater glich einem Irrenhause, rollende Augen, geballte Fäuste, stampfende Füße, heisere Aufschreie im Zuschauerraum! Fremde Menschen fielen einander schluchzend in die Arme, Frauen wankten, einer Ohnmacht nahe, zur Türe. Es war eine allgemeine Auflösung wie im Chaos, aus dessen Nebeln eine neue Schöpfung hervorbricht!«[30] Erweckt diese Reaktion nicht den Eindruck, daß da ein Theaterfeuer abgebrannt wurde? Ein rhetorisches Theaterfeuer, das keine reale Alternative zu den angeprangerten Verhältnissen enthält.

Und wenn Karl in I,2 von Prometheus spricht, dann ist dieser Empörer der griechischen Mythologie, der gleich Luzifer[31] sich gegen den Vatergott empört, auch er selbst. Er

30 Grawe (Anm. 27), S. 146.

31 In einer früheren Fassung von I,2 (Grawe, Anm. 27, S. 78 ff.), dem sogenannten »unterdrückten Bogen B«, bezieht sich Karl im Gespräch mit Spiegelberg auf John Miltons *Paradise lost* und bewundert die dort auftretende Luzifer-Gestalt: »Jener, der es nicht dulden konnte, daß einer über ihm war, und sich anmaßte den Allmächtigen vor seine Klinge zu fordern, war er nicht ein außerordentliches Genie? – Er hatte den Unüberwundenen angegriffen, und ob er schon erlag, so hatte er doch seine ganze Kraft erschöpft, und war doch nicht gedemütiget, und machte immer neue Versuche bis auf diesen Tag, und alle seine Streiche fallen auf seinen eigenen Kopf zurück und wird doch nicht gedemütiget. Dieser ists, über den unsere Waschweiber das Kreuz machen –« (S. 79 f.).

meint ja diesen »lohen Lichtfunken« des Prometheus noch in sich zu tragen. Immerhin hat er sich aufgeschwungen, Richter, Arm des göttlichen Gerichts zu sein.

Karl und Franz sind Brüder, die sich zerstören, zwei entartete Sprosse aus einer Wurzel, die sie zerstören, indem sie ihren Vater töten. Das erinnert auf der einen Seite an die Familientragödien der Aufklärungszeit,[32] auf der anderen Seite könnte es ein Bild für die Menschheit insgesamt sein, die sich und ihren Wurzelgrund zerstört, wenn die im Menschen veranlagten Möglichkeiten so in die Vereinseitigung auseinandertreten. Der anarchistische Schwärmer Karl und der Materialist und Atheist Franz leben ein verbrecherisches Leben und tragen den Keim des eigenen Todes in sich. Sie sind beide nicht lebensfähig. Darin mag der Grund für die spätere Abneigung Schillers gegenüber seinen Jugenddramen liegen. Denn auch *Kabale und Liebe* zeigt in Ferdinands Liebesschwärmerei den Keim des Verbrechens und der Zerstörung der Familie.

Schiller hat seine Faszination für die Dialektik von Idealismus und Verbrechen selbst einmal pointiert zum Ausdruck gebracht, indem er in einem Brief vom 29. August 1787 an Körner den Jenaer Philosophen Karl Leonhard Reinhold charakterisiert: »Er wird sich nie zu kühnen Tugenden oder Verbrechen, weder im Ideal noch in der Wirklichkeit, erheben, und das ist schlimm. Ich kann keines Menschen Freund sein, der nicht Fähigkeit zu einem dieser beiden oder zu beiden hat« (NA 24,144). Max Kommerell hat das präzisiert: »Nicht daß Schiller den Unterschied zwischen Verbrechern und Idealisten, der für ihn nicht in der Anlage des Gemüts, sondern in der Idee des Handelns liegt, verwischte – aber er läßt den Übergang zwischen beiden zu, der denkmöglich und sogar leicht zu denken wird, sobald wir an Stelle des naturgegebenen Seins den Entschluß setzen, so oder so zu sein. Was einer ist, hängt von ihm ab, und ist be-

32 Vgl. Hinderer (Anm. 26).

weglich bis zur Verwandlung in das Gegenteil, je nach dem Gebrauch, den er von seiner Selbstbestimmung macht.«[33] Die Selbstbestimmung, die Schillers Gestalten für sich in Anspruch nehmen, macht sie im 20. Jahrhundert aktuell.

Kabale und Liebe. Ein bürgerliches Trauerspiel in 5 Akten. Prosa. 1782/83 entstanden, 13. April 1784 Uraufführung in Frankfurt, 15. April Erstaufführung in Mannheim in Schillers Bearbeitung. Schon im März Buchausgabe in Mannheim. Die Buchausgabe war jedoch schon eine zweite Fassung des ursprünglichen Stückes, die zwischen April und Juli 1783 entstanden war.
Auch dieses Stück, das auf sehr direkte Weise Kritik an gesellschaftlichen Verhältnissen übt, blieb wie *Die Räuber* vor der Zurichtung für die Mannheimer Bühne, d. h. vor der Eliminierung oder Abschwächung eben dieser Kritik, nicht verschont. Da die Bearbeitung vom Februar bis April 1784 im sogenannten Mannheimer Soufflierbuch als dritte Fassung erhalten geblieben ist, kann man diese Veränderungen sehen und bewerten. Sie betreffen neben einer allgemeinen Kürzung und Anpassung des Stückes an die Bühnenpraxis vor allem die politischen Anspielungen gegenüber dem benachbarten Herzogtum Württemberg, nehmen Rücksicht auf die kirchliche Zensur und mildern den bisweilen drastischen Ausdruck.
Der junge Major Ferdinand von Walter liebt die Tochter des Stadtmusikus Miller und ist bereit, diese nicht standesgemäße Beziehung, entgegen allen Einwänden und Anfeindungen von außen, aufrechtzuerhalten. Der Vater von Luise sieht Schwierigkeiten wegen dieser Beziehung auf sich zukommen und möchte sie beendet sehen – im Gegensatz zur Mutter, die schon den gesellschaftlichen Aufstieg der Tochter im voraus genießt. Doch der entschiedenste Widerstand

33 Max Kommerell, »Schiller als Psychologe«, in: M. K., *Geist und Buchstabe der Dichtung*, München 1967, S. 71 f.

kommt von Ferdinands Vater. Als Präsident erster Minister des Herzogs, verfolgt er ganz andere Pläne mit seinem Sohn. Er hat sich durch üble Machenschaften seine einflußreiche Position verschafft und glaubt dem Herzog noch unentbehrlicher zu werden, wenn er die Verbindung zwischen dessen einstiger Mätresse Lady Milford und seinem Sohn Ferdinand fördert. In einem Gespräch zwischen Vater und Sohn, in dem der Präsident vorgibt, nur in Ferdinands eigenem Interesse zu handeln, im Hinblick auf die Gunst des Herzogs, lehnt Ferdinand diese Art von Fürsorge, in der er nur Mittel zum Zweck ist, in stolzer und überlegener Haltung ab und beginnt zugleich eine Abrechnung mit dem Vater. Da dieser schon alles vorbereitet hat und die geplante Verbindung mit der Lady im Herzogtum ausstreuen läßt, besucht Ferdinand Lady Milford, um ihr offen zu sagen, daß er sie nicht heiraten wolle und könne, weil er eine andere liebe. Zwar empfindet er Mitleid und Achtung zugleich, als er hört, auf welche Weise sie zur Mätresse herabgesunken ist und wie sie versucht hat, die Willkürherrschaft des Herzogs zu mildern. Ihr freimütiges Geständnis, daß sie den Major liebe, läßt diesen aber nur um so überzeugter das Bekenntnis der Liebe gegenüber Luise ablegen. Nun möchte Lady Milford dieses Mädchen kennenlernen, mit dem Vorsatz, wenn möglich, diese Liebe zu zerstören.
Als der Präsident von diesem Ausgang des Gesprächs hört, droht er empört bei einem überraschenden Besuch im Hause Miller, mit ausfallenden Bemerkungen gegenüber Luise, die ganze Familie zu vernichten. Er muß jedoch diesen Plan aufgeben, weil der anwesende Ferdinand seinerseits droht, er könne in der Residenz die Geschichte erzählen, durch welche Schandtaten man Präsident wird.
In dieser aussichtslosen Situation bedient sich der Präsident seines Sekretärs Wurm, der um Luise angehalten hat, von ihr aber abgewiesen worden ist. Nun entwickelt der aufstrebende Kleinbürger einen teuflischen Plan. In seiner raffiniert kalkulierten Vorgehensweise ist er Franz Moor eben-

bürtig, wenn er dem Präsidenten gegenüber äußert: »Wir setzen also in aller Stille den Musikus fest – Die Not um so dringender zu machen, könnte man auch die Mutter mitnehmen, – sprechen von peinlicher Anklage, von Schafott, von ewiger Festung, und machen den Brief der Tochter zur einzigen Bedingnis seiner Befreiung« (III,1).

In diesem von ihm diktierten Brief, der ihre Untreue beweisen soll, indem er ein Stelldichein mit Hofmarschall von Kalb vorgibt, zwingt er Luise, sich selbst aufzugeben. Den Brief spielt er Ferdinand in die Hände. Rasend vor Eifersucht, weil gerade eine Beziehung zu dem überaus dümmlichen Hofmarschall eine Beleidigung für ihn darstellt, geht bei Ferdinand angesichts des gefälschten Briefes, ähnlich wie bei Karl Moor, die ruhige Überlegung zugunsten eines unkontrollierten Gefühlsausbruchs verloren – denn bei klarem Nachdenken dürfte er Luise so etwas nie zutrauen: »Es ist nicht möglich. Nicht möglich. Diese himmlische Hülle versteckt kein so teuflisches Herz – – Und doch! doch! Wenn alle Engel herunterstiegen, für ihre Unschuld bürgten – wenn Himmel und Erde, wenn Schöpfung und Schöpfer zusammenträten, für ihre Unschuld bürgten – es ist ihre *Hand* – ein unerhörter, ungeheurer Betrug, wie die Menschheit noch keinen erlebte! – [...] O wenn die Lüge eine so haltbare Farbe hat, wie ging es zu, daß sich kein Teufel noch in das Himmelreich hineinlog? [...] Tod und Rache! Nichts, als daß ich betrogen sei?« (IV,2). Auch die dem Hofmarschall abgepreßte Versicherung, er habe Luise nie gesehen, dämpft seine Eifersucht nicht und ist ein Zeichen dafür, wie sehr er selbst in dem höfischen Kabale-Denken befangen ist.

Er stellt Luise zur Rede. Sie, die vorher in ihrer Verzweiflung bereits zum Selbstmord entschlossen war und nur aus Liebe zu ihrem Vater diesen letzten Schritt unterlassen hat, hält sich, von innerem Schmerz zerrissen und in ihrer pietistischen Frömmigkeit befangen, an die ihr abgepreßte Abmachung mit Wurm und nimmt den Vorwurf der Untreue

»Kabale und Liebe«.
Aufführung Berlin 1969 (Regie: Hans Hollmann)

klaglos auf sich. Geradezu kopflos beschließt Ferdinand, seinen Mordplan umzusetzen. Er schickt den alten Miller mit einem Brief zum Präsidenten und bittet Luise, den Vater zur Tür hinauszubegleiten. Währenddessen schüttet er Gift in die Limonade, die sie ihm vorher zubereitet hat. Als sie zurückkommt, zwingt er sie, mit ihm davon zu trinken. Schließlich gesteht er, daß sie sterben müsse. Da endlich bekennt sie, wie der Brief entstanden ist und welche Rolle der Präsident neben Wurm dabei spielt. Im letzten Augenblick erscheint der Präsident, da Ferdinand in dem von Miller überbrachten Brief seine Selbstmordabsicht mitgeteilt hatte. Vergeblich versucht er, die Schuld, die ihm der sterbende Sohn vorwirft, auf Wurm abzuwälzen, der jedoch mit Enthüllungen droht. Ferdinand verzeiht dem Vater, der die Absicht äußert, sich dem Gericht stellen zu wollen.

Der Titel *Kabale und Liebe* enthält den entscheidenden Gegensatz, der schließlich in die Katastrophe führt, zu Ferdinand von Walters Mord an Luise Miller und zu seinem Selbstmord. Die Liebe der beiden durch Standesunterschied getrennten jungen Menschen wird von ihrer Umwelt, d. h. von den Vätern der beiden, nicht akzeptiert, freilich aus unterschiedlichen Gründen. Obgleich die Liebe zunächst so stark zu sein scheint, daß sie diese Hürde überwinden kann, trägt die von Ferdinands Vater eingefädelte Kabale in ihrer ganzen Infamie schließlich doch den Sieg davon: in der Zerstörung der Liebe und dem Untergang der Liebenden. In den Untergang werden freilich noch andere mit hineingezogen: der Präsident und sein Sekretär Wurm, die an der Kabale Schuldigen, und die unschuldigen Eltern Luises; Lady Milford geht einer ungewissen Zukunft entgegen.
Von den Gegensätzen Liebe und Kabale für eine Interpretation auszugehen, erscheint sinnvoll. Da wäre zunächst zu fragen: Wie hat sich diese Liebe *vor* der Kabale ausgesprochen? »Wer kann den Bund zweier Herzen lösen, oder die Töne eines Akkords auseinander reißen? – Ich bin ein Edel-

mann – Laß doch sehen, ob mein Adelsbrief älter ist, als der Riß [Grundriß, Plan] zum unendlichen Weltall? Oder mein Wappen gültiger als die Handschrift des Himmels in Luisens Augen: Dieses Weib ist für diesen Mann? Ich bin des Präsidenten Sohn. Eben darum. Wer, als die Liebe, kann mir die Flüche versüßen, die mir der Landeswucher meines Vaters vermachen wird?« (I,4).

Hier ist die für den Sturm und Drang so charakteristische Überzeugung von der ungeheuren Kraft des Einzelnen und somit auch seiner Liebe. Ferdinand stellt die Liebe über die Standesunterschiede, er zählt sie zum Grundbestand der Schöpfung, ja er zelebriert einen eigenen Kult, der fast blasphemische Züge trägt und das pietistisch-fromme Bürgermädchen Luise überwältigt und schließlich zutiefst in Sündenbewußtsein stürzt. Wie soll sie Worte wie »Mir vertraue dich. Du brauchst keinen Engel mehr – Ich will mich zwischen dich und das Schicksal werfen« (I,4) verstehen? Letztlich kann sie nur fliehen: »Geh – Gott vergebe dirs – Du hast den Feuerbrand in mein junges friedsames Herz geworfen, und er wird nimmer, nimmer gelöscht werden« (I,4). Dennoch beruft sich Ferdinand, wenn er dieser dumpf gefühlten und selbstverliebt genossenen Urkraft der Liebe gesellschaftliche Wirklichkeit meint verleihen zu können, auf das verachtete Bestehende, auf seine Herkunft und die damit verbundene Macht und ruft selbstbewußt aus: Ich bin des Präsidenten Sohn.

Wie eine andere Welt aussehen könnte, in der eine solche Liebe in ihrer ganzen Unbedingtheit einen Platz hat, weiß Ferdinand nicht. Auf jeden Fall hat sie kaum einen Platz in der spätabsolutistischen Gesellschaft, in der er lebt, ja vielleicht überhaupt nicht auf dieser Welt – es sei denn im Tod. Und so gab es immer wieder Inszenierungen des Stückes, in denen die Position der beiden toten Liebenden auf der Bühne so arrangiert wurde, daß sie wie eine letzte Liebesvereinigung aussah.

Daß diese Liebe durch Kabale zerstört wird, daß sie keine

Lebensberechtigung findet, ist neben der Kritik an Mätressenwesen und Prasserei, Soldatenhandel und Ämterschacher, Abgabeneintreibung und Wucher ein wesentlicher Punkt der Sozialkritik dieses Stückes. Das liegt aber nicht allein an der Kabale, sondern auch an der Art dieser Liebe zwischen Ferdinand und Luise. Jedoch sind die Formen der Liebe in diesem Stück insgesamt problematisch, denn überall da, wo Liebe auftritt, ist sie eine Art Verformung ihrer selbst. Elternliebe: sowohl Luises Mutter als auch Ferdinands Vater sehen ihre Kinder nur als Mittel zum Zweck. Auf unterschiedlichen sozialen Ebenen geht es ihnen darum, Ansehen und wirtschaftlichen Vorteil durch die Beziehung ihrer Kinder zu gewinnen. Und auch der alte Miller wäre bereit, für Geld sich von seiner väterlichen Liebe etwas abmarkten zu lassen. Die Liebe Ferdinands erweckt zwar den Eindruck großer Kraft und Tiefe, ist aber doch letztlich eine Form der Selbstberauschung und eine Art Ersatzreligion. Ihre Belastungsfähigkeit ist gering und ihre Vertrauensbasis schmal, stets von überspannter und realitätsferner Eifersucht und von bloßem Besitzanspruch umlauert. Die Liebe Luises ist zwar tief empfunden, sie wird aber brüchig durch ihre Anpassungsbereitschaft an gesellschaftliche und religiöse Normen, die für sie unantastbar bleiben, weil sie gottgewollt sind; die Liebe der Lady Milford zu Ferdinand ist ebenfalls rauschhaft, wie eine Art Rettungsversuch, aus der käuflichen Mätressensituation herauszukommen, und, bei allen eigenen Verdiensten um die Linderung von Not und Elend im Herzogtum, an der moralischen Integrität und der Lebenskraft eines höchstwahrscheinlich jüngeren Mannes teilzuhaben.

Das alles ist eingebunden in die Tragödien zweier Familien unterschiedlichen Standes: die Adelsfamilie von Walter, wie beschädigt sie auch immer schon sein mag, und die Bürgersfamilie Miller sind durch den Tod der Kinder ihrer Zukunft beraubt. Wobei die Tatsache, daß eine Bürgerfamilie in die tragische Auseinandersetzung hineingezogen wird, dieses

Stück zu einem bedeutenden Beispiel für das sogenannte bürgerliche Trauerspiel werden ließ. Das große Vorbild für Schiller war dabei Lessings *Emilia Galotti.*

Daß eine heftige und aussichtslose, in Selbstgenuß befangene Liebe nicht in unreflektierten Protestschreien oder gar in Mord und Selbstmord enden muß, sondern geläutert und erhöht werden kann zu einer menschheitlichen Aufgabe, zeigt sich erst in *Don Carlos,* dem Stück des Übergangs vom jungen Schiller zum ›klassischen‹. Die Liebe zwischen Max Piccolomini und Thekla ist dann die höchste Stufe, auf der eine ›aussichtslose‹ Liebe bewahrt werden kann, auch wenn die Liebenden den Tod suchen.

In dem Konflikt um die nicht standesgemäße Liebesbeziehung steckt ebenso wie in den *Räubern* aber noch eine andere sehr alte Konfliktform: der Vater-Sohn-Konflikt, hier jedoch auf dem Hintergrund unterschiedlicher Lebensentwürfe. Ferdinand hat von sich und seinem Leben gänzlich andere Vorstellungen als sein seelisch völlig korrupter Vater: »Weil meine Begriffe von Größe und Glück nicht ganz die Ihrigen sind – *Ihre* Glückseligkeit macht sich nur selten anders als durch Verderben bekannt. Neid, Furcht, Verwünschung sind die traurigen Spiegel, worin sich die Hoheit eines Herrschers belächelt [...]. Mein Ideal von Glück zieht sich genügsamer in mich selbst zurück. In meinem *Herzen* liegen alle meine Wünsche begraben« (I,7). Und er ist auch sogar zum Äußersten bereit: sich von diesem Vater loszusagen und dessen Verbrechen öffentlich anzuprangern, das heißt, ihn zu zerstören.

Also auch in diesem Stück noch einmal eine Anklage, die jedoch wieder im Untergang und in der Rückbindung an traditionelle Werte endet: Ferdinands Gott der Liebe wird für Luise und für ihn zum Gott der Strafe und der Vergebung: »Gott meiner Luise! Gnade, Gnade dem verruchtesten der Mörder!«

Don Carlos, Infant von Spanien. Ein dramatisches Gedicht in 5 Akten. Verse. Schiller beginnt bereits 1782 in Bauerbach an diesem Stück zu arbeiten, er kann es jedoch erst 1787 nach einer Reihe von Zwischenstufen abschließen. 29. August 1788 Uraufführung in Hamburg.

Nach Vorabdruck einzelner Szenenfolgen in der Zeitschrift *Rheinische Thalia*, später *Thalia* (März 1785 – Januar 1787) erste Buchausgabe Leipzig 1787 als *Dom Karlos, Infant von Spanien*; 1801 von Schiller in *Don Karlos* geändert, 1805 mit dem Untertitel *Ein dramatisches Gedicht*.

Die Handlung beginnt mit einem Gespräch zwischen Pater Domingo, dem Beichtvater König Philipps II., und dessen Sohn Carlos im Park der königlichen Sommerresidenz Aranjuez, südlich von Madrid. Grund des Gesprächs: Der Hof ist beunruhigt über das Verhalten des Prinzen, der sich seit Monaten mit einer Mauer von Schweigen umgibt. Dieses Schweigen ist jedoch nur Ausdruck für eine tiefe Verzweiflung, in der der Prinz sich befindet. Carlos quält die unerfüllbare Liebe zu seiner jungen Stiefmutter, der Königin Elisabeth von Valois, die ihm einst als Braut zugedacht war, die dann jedoch sein Vater Philipp aus politischen Überlegungen geheiratet hat und über die er jetzt eifersüchtig wacht. Carlos weiß zugleich, daß, wenn die Öffentlichkeit seine Gefühle auch nur ahnte, eine Katastrophe die Folge wäre. Das gestörte Verhältnis zwischen König Philipp und dem Prinzen ist Gegenstand des Gesprächs, und dabei berührt Pater Domingo auch die Haltung der Königin gegenüber Carlos.

Ein völlig überraschendes Wiedersehen mit seinem Freund Posa, der von einer längeren Reise zurückgekehrt ist, gibt Carlos die Gelegenheit, sich ihm in seiner inneren Not anzuvertrauen. Posa ist überrascht und auch enttäuscht, Carlos in dieser aussichtslosen Liebe gefangen zu sehen und nicht mehr den idealistischen Jüngling wiederzufinden, nicht mehr den glühenden Idealisten, auf den die unterdrückten flandrischen Provinzen als letzte Rettung schauen. Doch er verspricht, dem Freund zu einem Gespräch mit der

Königin zu verhelfen. Dies gelingt ihm trotz des strengen Hofzeremoniells, das Elisabeth wie eine Mauer umgibt. Carlos kann der Königin seine Empfindungen offenbaren, doch sie bleibt klug-distanziert. Als ihm die Aussichtslosigkeit seiner Neigung klar wird, versucht sie ihn dennoch liebevoll aufzurichten und weist ihn auf seine große Aufgabe als zukünftiger König hin, auf die Liebe zu seinem Lande, die des Verzichtes der Liebe zu ihr wert sei. Bevor der König auftaucht, kann Posa den Prinzen, der sich nun für seine große Aufgabe wie ›geweiht‹ fühlt, mit sich nehmen. Philipp ist zornig, weil er die Königin ohne Hofdamen antrifft. Wie um ihre Betroffenheit über die daraus folgende Bestrafung einer Hofdame zu lindern, spricht er von seiner großen Zuneigung zu ihr: »Ich heiße / Der reichste Mann in der getauften Welt; / Die Sonne geht in meinem Staat nicht unter – / Doch alles das besaß ein andrer schon, / Wird nach mir mancher andre noch besitzen. / *Das* ist mein eigen. Was der König hat, / Gehört dem Glück – Elisabeth dem Philipp. / Hier ist die Stelle, wo ich sterblich bin« (I,6).

Carlos und Posa schließen einen Freundschaftsbund, der eine Überhöhung der lange bestehenden Jugendfreundschaft bedeutet.

In einem Gespräch unter vier Augen bittet Carlos den Vater um Versöhnung und um den Oberbefehl des spanischen Heeres in den Niederlanden. Der König traut ihm das nicht zu, ja er deutet sogar den Verdacht an, Carlos wolle nur das Heer in die Hand bekommen, um den Vater zu beseitigen. Er übergibt Herzog Alba das Kommando, mit der Auflage, sich mit Carlos zu einigen.

Als Carlos anonym zu einem Stelldichein gebeten wird und meint, die Königin habe ihn gebeten, muß er erkennen, daß die Prinzessin von Eboli ihn liebt. Gleichzeitig erfährt aber die Prinzessin die Neigung Carlos' zur Königin, und sie gibt zu erkennen, daß der König sie selbst heimlich in Briefen verehrt. Damit hat Carlos einen Trumpf gegen den König in Händen, zugleich muß er aber die Rache der verschmähten Prinzessin fürchten. Mit Unterstützung Albas und Pater Domingos, die die Neigung des Königs zu ihr für ihre eigenen Zwecke fördern wollen, versucht sie daraufhin den Fall von Carlos einzuleiten, indem sie Philipp von der Liebe des Prinzen zur Königin berichtet und ihm Briefe der Königin übergibt. Der König, der ahnt, daß Prinzessin Eboli, Herzog Alba und Pater Domingo selbstsüchtige Ziele verfolgen, sehnt sich nach einem Menschen, dem er vertrauen kann und der die Wahrheit sagt, der ihm Gewißheit statt Verdacht verschafft: »Jetzt gib mir einen Menschen, gute Vorsicht – / Du hast mir viel gegeben. Schenke mir / Jetzt einen Menschen. Du – du bist allein, / Denn deine Augen prüfen das Verborgne, / Ich bitte dich um einen Freund; denn ich / Bin nicht wie du allwissend« (III,5).

Seine Wahl fällt auf Posa: »Bei Gott, im ganzen Umkreis meiner Staaten / Der einzge Mensch, der meiner nicht bedarf! / Besäß er Habsucht oder Ehrbegierde, / Er wäre längst vor meinem Thron erschienen. / Wag ichs mit diesem Sonderling? Wer mich / Entbehren kann, wird Wahrheit für mich haben« (III,5).

Die Audienz beim König ist für Posa eine einmalige Gelegenheit, etwas für seine großen Ziele zu tun, »[...] – und wär's / Auch eine Feuerflocke Wahrheit nur / In des Despoten Seele kühn geworfen« (III,9). Das Gespräch dreht sich um Gegenwart und Zukunft des Reiches, und Posa spricht in großer Offenheit zum König. Er gewinnt durch sein Auftreten die Achtung und das Vertrauen des Königs, der jedoch über die Freiheit Flanderns nicht sprechen will. Aber er beauftragt ihn, den Verdacht gegen die Königin zu prüfen, und stellt ihn damit an die Spitze seiner Berater: »[...] Dränget Euch zu meinem Sohn, / Erforscht das Herz der Königin. Ich will / Euch Vollmacht senden, sie geheim zu sprechen. / Und jetzt verlaßt mich!« (III,10). Posa gewinnt die Königin für seinen Plan, Carlos gegen den Befehl des Königs heimlich nach Brüssel zu schicken, um dort durch eine Rebellion Zugeständnisse von Spanien zu erzwingen. Von Carlos läßt er sich alle persönlichen Papiere geben. Dadurch kann er bei Philipp den Verdacht gegen den Prinzen und die Königin entkräften und die Intrigen der Prinzessin Eboli, Albas und Domingos offenlegen. Zudem läßt sich Posa vom König einen Haftbefehl gegen Carlos geben. Er glaubt, ihn auf diese Weise sicherer nach Flandern bringen zu können. Von all dem sagt er aber Carlos nichts. Als dieser durch den Grafen Lerma davon erfährt, empfindet er die Handlungsweise Posas als Treuebruch. Er vertraut sich der Prinzessin Eboli an und bittet um ein Gespräch mit der Königin, um sie zu warnen. Posa überrascht ihn dabei, sieht das Geheimnis von Carlos' Liebe zur Königin wieder bei der Intrigantin und weiß keinen anderen Weg, als sie zu töten. Um Carlos zu retten, gibt er in einem Brief an Wilhelm von Oranien in Flandern vor, selbst die Königin zu lieben. Er weiß, daß dieser Brief durch die Zensur dem König vorgelegt wird und ihn zum Hochverräter macht. Philipp befiehlt, Carlos freizulassen. Im Gefängnis kommt es zu einem Abschiedsgespräch zwischen den Freunden, in dem Posa alles für Carlos Unverständliche aufklärt. Carlos ist erschüttert und will einen letzten Rettungsversuch unternehmen: »[...] Ich will / Dich zu ihm führen. Arm in Arme wollen / Wir zu ihm gehen. Vater, will ich sagen, / Das hat ein Freund für seinen Freund getan. / Es wird ihn rühren. Glaube mir, er ist / Nicht ohne Menschlichkeit, mein Vater. Ja! / Gewiß, es wird ihn rühren. Seine Augen werden / Von warmen Tränen übergehn, und dir / Und mir wird er verzeihen –« (V,3). Da fällt ein Schuß, und Posa stürzt tödlich getroffen nieder, Carlos an seiner Seite. Der König mit Hofstaat kommt, um die Freilassung von Carlos selbst auszusprechen, der ihm in aller Öffentlichkeit die heftigsten Anklagen entgegenschleudert: »Die Splitter seines Geistes hätten Sie / Zum Gott gemacht. Sich selber haben Sie / Bestohlen – Was werden / Sie bieten, eine Seele zu erstatten, / Wie diese war?« Philipp ist wie gelähmt: »Nun? Will niemand / Antworten? – Jeder Blick am Boden – jedes / Gesicht verhüllt! – Mein Urteil ist gesprochen. / In diesen stummen Mienen les ich es / Verkündigt. Meine Untertanen haben mich / Gerichtet« (V,4). Als Carlos verkleidet noch einmal zur Königin geht, um eine letzte Botschaft Posas zu empfangen und dann die Reise nach Flandern anzutreten, wird er auf Betreiben Albas, der von allen Plänen Posas erfahren hat, im Zimmer der Königin verhaftet und der Inquisition übergeben.

Das erschütternde Gespräch, das Philipp vor der Verhaftung mit dem Kardinal-Großinquisitor führt, zeigt seine ganze Tragik. Dem mächtigsten Mann der Welt bleibt nur Unterwerfung. Weil er sich mit dem ›Erzfeind‹ der Kirche, mit Posa, eingelassen hat, opfert er ihr den Sohn: »KÖNIG. Ich lege / Mein Richteramt in deine Hände – Kann / Ich ganz zurücke treten? GROSSINQUISITOR. Geben Sie / Ihn mir. KÖNIG. Es ist mein einzger Sohn – Wem hab ich / Gesammelt? GROSSINQUISITOR. Der Verwesung lieber als / Der Freiheit. KÖNIG (*steht auf.*) Wir sind einig. Kommt. / GROSSINQUISITOR. Wohin? / KÖNIG. Aus meiner Hand das Opfer zu empfangen« (V,10).

Keines von Schillers Werken hat eine so komplizierte Entstehungsgeschichte, keines zeigt aber auch so deutlich die Entwicklung Schillers in der Zeit zwischen 1782 und 1787. Der erste, der Bauerbacher Entwurf aus dem Jahre 1783, zeigt die Liebesgeschichte zwischen Carlos und der Königin als Familientragödie, in der auch die Liebe der Königin gegenüber dem Prinzen deutlich sichtbar ist. Das ist in der späteren Fassung aus der Dresdner Zeit zwar etwas zurückgenommen, bleibt jedoch grundsätzlich erhalten.[34] Die

34 Vgl. Helmut Koopmann, »*Don Carlos*«, in: *Interpretationen: Schillers Dramen* (Anm. 26), S. 159–199. Koopmann kommt in einer sehr breit angelegten Untersuchung gegen alle bisherigen Thesen vom politischen Drama, vom Ideendrama, vom Freundschaftsdrama und vom Familiendrama (in dem die Liebesgeschichte steckt) zu dem Ergebnis: »Was *Don Carlos* zeigt, ist Höhepunkt und – für Schiller – vorläufiges Ende des Familiendramas, eines Dramentypus, der die dramatische Kunst des 18. Jahrhunderts entscheidender mitbestimmt hat als alles andere. [...] die politischen Konnotationen sind also streng genommen nichts als Steigerung der Familienproblematik« (S. 193).

Freundschaft zwischen Carlos und Posa nimmt ursprünglich weniger Raum ein, tritt aber durch die Liebesbeziehung Carlos–Elisabeth in den Vordergrund und mit ihm die Idee der Freiheit und das Idealbild eines neuen Staates im Gegensatz zu dem despotischen absolutistischen Staat Philipps. Posa wird zum Lehrer, und zwar nicht nur für Carlos, sondern bis zu einem gewissen Grad auch für Philipp und Elisabeth. Das Gespräch zwischen ihm und dem König zeigt, daß Philipp geradezu begierig ist, die Gedanken eines ›Unabhängigen‹, eines Nichthöflings zu hören, und er hört Gedanken, die wohl noch niemand über ihn und sein Reich geäußert hat: »Sie wollen pflanzen für die Ewigkeit, / Und säen Tod? Ein so erzwungnes Werk / Wird seines Schöpfers Geist nicht überdauern.« Der Höhepunkt seiner Ausführungen ist der flammende Appell: »[...] Werden Sie uns Muster / Des Ewigen und Wahren. Niemals – niemals / Besaß ein Sterblicher so viel, so göttlich / Es zu gebrauchen. Alle Könige / Europens huldigen dem span'schen Namen. / Gehn Sie Europens Königen voran. / Ein Federzug von dieser Hand, und neu / Erschaffen wird die Erde. Geben Sie / Gedankenfreiheit –« Das einzige, was der König sagen kann, ist: »Sonderbarer Schwärmer! / Doch – stehet auf – ich –« (III, 10).

Posa hält ihm im Anschluß daran eine ›Vorlesung‹ in Sachen Freiheit, wobei dieser Begriff viel weiter gefaßt werden muß als das, was man gemeinhin unter politischer Freiheit versteht. Er umfaßt auch die Freiheit im Denken und im Glauben. Hier ist Posa ein typischer Vertreter des Aufklärungszeitalters. Er nennt Gott einen Künstler und Vertreter einer unendlichen Freiheit in der Schöpfung, der sich ganz zurücknimmt aus seinen Werken und nur ewige Gesetze walten läßt, die sogar der Gottesleugner, er nennt ihn traditionell den »Freigeist«, als groß anerkennt: »[...] Sehen Sie sich um / In seiner herrlichen Natur! Auf Freiheit / Ist sie gegründet – und wie reich ist sie / Durch Freiheit! [...] ihn, / Den Künstler, wird man nicht gewahr, bescheiden / Verhüllt er sich in ewige Gesetze; / *Die* sieht der Freigeist, doch nicht ihn. Wozu / Ein Gott? sagt er; die Welt ist sich genug. / Und keines Christen Andacht hat ihn mehr / Als dieses Freigeists Lästerung gepriesen.« Der König ist mehr als überrascht über solche zweifellos kühnen, ja im katholisch-finsteren Spanien vielleicht sogar ketzerischen Gedanken und fragt zustimmend-zweifelnd: »Und wollet Ihr es unternehmen, dies / Erhabne Muster in der Sterblichkeit / In meinen Staaten nachzubilden?« (III,10). Als Posa ihn auffordert, das zu tun, wird dem König klar, welcher Sprengstoff in solchen Gedanken steckt, und er warnt ihn ganz offen vor der Inquisition.

Doch wendet sich das Gespräch über die größten Fragen der Welt zum Schluß doch wieder zu den Familienproblemen zurück, die den König quälen und bei deren Lösung Posa ihm helfen soll, ausgestattet mit allen Vollmachten.

Das, was in den Jugenddramen noch nicht möglich war, eine Alternative zu den angeprangerten Zuständen der despotischen absolutistischen Gesellschaft aufzuzeigen und die Lösung einer konkreten Aufgabe, die Befreiung Flanderns, wenigstens zu versuchen, wird in *Don Carlos'* Ansatz möglich – bei einem dennoch tragischen Ausgang.

Daß Posa für seine großen Gedanken keine adäquaten Umsetzungsmöglichkeiten besitzt und sich deshalb doch wieder fragwürdiger traditioneller Methoden bedient, ist seine Tragödie und führt schließlich auch zu seinem Untergang. Dieser Untergang wird aber verklärt durch die größte Tat, zu der Freundschaft sich aufschwingen kann: für die Rettung des Freundes den Tod auf sich zu nehmen. Insofern ist *Don Carlos* das Stück, das vor allem auch der Freundschaft ein Denkmal setzt. Welche Bedeutung Freundschaft für Schiller hat, wird gerade in der Entstehungszeit des *Don Carlos* in der Freundschaft mit Körner sichtbar. In seinem Gedicht *Die Ideale* von 1795 faßt er das noch einmal zusammen: »Du, die du alle Wunden heilest, / Der Freundschaft leise, zarte Hand, / Des Lebens Bürden liebend teilest, / Du, die ich frühe sucht' und fand [...].«

Auch die Möglichkeit, persönliche Konflikte und Probleme

nicht im Untergang enden zu lassen, sondern sie auf eine höhere Ebene zu heben, zeichnet sich ab. Die aussichtslose Liebe, die Carlos für seine Stiefmutter empfindet und die sie auf eine sehr zarte Weise erwidert, wird durch die Klugheit und das Einfühlungsvermögen dieser wahrhaft königlichen Frau auf ein großes Ziel gelenkt. Wie ähneln doch Carlos' Worte denen Ferdinands aus *Kabale* und *Liebe*, wenn er Elisabeth gegenüber von seiner Liebe spricht: »Man reiße mich von hier aufs Blutgerüste! / Ein Augenblick, gelebt im Paradiese, / Wird nicht zu teuer mit dem Tod gebüßt. / [...] / Was unter dieser Sonne kann es geben, / Das ich nicht hinzuopfern eilen will, / Wenn Sie es wünschen? [...] / Sie sind für mich dahin – dahin – dahin – / Auf immerdar! – Jetzt ist der Wurf gefallen. / Sie sind für mich verloren – O, in diesem / Gefühl liegt Hölle – Hölle liegt im andern, / Sie zu besitzen. – Weh! ich faß es nicht, / Und meine Nerven fangen an zu reißen.«
Doch aus Überzeugung für die Größe seiner Aufgabe und unter Verzicht auf das, was tief in ihrem Inneren Wunsch ist, macht sie Carlos bewußt, daß diese Aufgabe den Verzicht rechtfertigt: »[...] Die Liebe, / Das Herz, das Sie verschwenderisch mir opfern, / Gehört den Reichen an, die Sie dereinst / Regieren sollen. [...] / Die Liebe ist Ihr großes Amt. [...] / [...] Bringen Sie, / O, bringen Sie sie Ihren künftgen Reichen / [...] Elisabeth / War Ihre erste Liebe. Ihre zweite / Sei Spanien! Wie gerne, guter Karl, / Will ich der besseren Geliebten weichen!« (I,5).
Überhaupt ist die Gestalt der Elisabeth von größerer Bedeutung, als es zunächst den Anschein hat. »Alle Menschen in diesem Stück bis auf Elisabeth irren, werden an ihren Leidenschaften blind. In ihren Fixierungen schätzen sie Menschen und Situationen falsch ein. [...] Elisabeth ist die einzige, die keiner Verblendung erliegt. Sie liebt Carlos und öffnet sich gleichzeitig der Realität so, daß sie nicht blind ihrer Liebe folgt. Sie hat Mitgefühl für die Einsamkeit eines Philipp, ohne ihm gegenüber ihre kritischen Empfindungen

vorzuenthalten. Im Grunde genommen erfüllt sie jenes Ideal, das allen Weltreligionen in ihrem mystischen Kern gemeinsam ist, nämlich in Situationen der Leidenschaft nicht Sklave der Leidenschaft zu sein.«[35] Hier schimmert schon das durch, was Schiller später die »schöne Seele« nennt, und was in seiner nächsten großen Liebenden, in Wallensteins Tochter Thekla, sichtbar wird.

Auch das Bürgermädchen Luise Miller ›leidet‹ an einer aussichtslosen Liebe, der sie verfallen ist, die sie fast zerreißt. Sie vermag jedoch nur Entsagung von Ferdinand zu verlangen und sich von seinem luziferisch-verführerischen Gott der Liebe zu ihrem pietistischen, strafenden Gott des Gerichts zurückzuwenden und ihm das gleiche zu raten. Dieser Gott vertritt das immer Gegebene, und sie sagt von ihm, daß er die bestehende Ständeordnung so wolle, wie sie ist.

Interessant ist im Vergleich mit den Jugenddramen die Stelle, in der Posa im Gespräch mit Elisabeth sein Vermächtnis an Carlos formuliert: »[...] Sagen Sie / Ihm, daß er für die Träume seiner Jugend / Soll Achtung tragen, wenn er Mann sein wird, / Nicht öffnen soll dem tötenden Insekte / Gerühmter besserer Vernunft das Herz / Der zarten Götterblume – daß er nicht / Soll irre werden, wenn des Staubes Weisheit / Begeisterung, die Himmelstochter, lästert« (IV,21).

Was sind die Träume seiner Jugend? Sind es jene luziferisch-prometheischen Gedankengebäude von Karl von Moor und Ferdinand von Walter? Oder sind es eher die Ideale von Max Piccolomini, die nicht schon von Anfang an den Keim der Zerstörung enthalten und für die dieser eher stirbt, als daß er sie verrät? Für Posa ist es das gemeinsame Ideal, in dem finsteren Spanien etwas zu ändern, das Carlos als untergegangen beschreibt: »[...] das ist der Karl nicht

35 Susanne Berger, »Klassikerinterpretation – Irritation oder Hilfe. Gedanken zu Schillers *Don Carlos*«, in: *SchauBühne. Schillers Dramen 1945–1984*, Marbach 1984, S. 323.

mehr / [...] / Der sich vermaß in süßer Trunkenheit, / Der Schöpfer eines neuen goldnen Alters / In Spanien zu werden –« (I,2). Posa und Elisabeth haben dieses Ideal in Carlos ›wiederbelebt‹ und haben versucht, Möglichkeiten für seine Realisierung zu schaffen.
Indem man sich das verdeutlicht, wird einsehbar, wie berechtigt die Feststellung ist, *Don Carlos* sei eine Wende im dramatischen Schaffen Schillers.

Wallenstein. Ein dramatisches Gedicht. Verse. 1796 Beginn der Arbeit an der Prosafassung, 1797 Umdichtung in Jamben. 12. Oktober 1798 Uraufführung von *Wallensteins Lager* in Weimar. 30. Januar 1799 Uraufführung *Die Piccolomini* in Weimar. 17. März *Wallensteins Tod* beendet, 20. April 1799 Uraufführung in Weimar. Erstausgabe Tübingen 1800.

Prolog

Der Trilogie geht ein umfangreicher Prolog voraus, in dem Schiller seine Hauptgestalt vorstellt und mit der aktuellen Zeitsituation in Verbindung bringt. Dieser Prolog wurde bei der Uraufführung von einem im nachfolgenden *Wallensteins Lager* auftretenden Kurassier vorgetragen. Er gibt wichtige Hinweise auf Schillers Einschätzung der Trilogie und ihre Bedeutung, die sie zum Zeitpunkt des Erscheinens für ihn hatte. Schiller spricht z. B. davon, daß »[...] jetzt an des Jahrhunderts ernstem Ende, / Wo selbst die Wirklichkeit zur Dichtung wird, / Wo wir den Kampf gewaltiger Naturen / Und ein bedeutend Ziel vor Augen sehn, / Und um der Menschheit große Gegenstände, / Um Herrschaft und um Freiheit wird gerungen«, die Kunst auch Höchstes gestalten müßte. Damit wird die Bedeutung Wallensteins bestimmt, er wird sogar zu den großen Ereignissen der Zeit, zur Französischen Revolution und zum Auftreten Napoleons in Beziehung gesetzt. Ohne daß Schiller über den weiteren Verlauf der Geschichte etwas wissen konnte, erscheint die Beschreibung Wallensteins fast wie eine Vorwegnahme von Napoleons Handeln: »Des Glückes abenteuerlicher Sohn, / Der von der Zeiten Gunst emporgetragen, / Der Ehre höchste Staffeln rasch erstieg, / Und ungesättigt immer weiter strebend, / Der unbezähmten Ehrsucht Opfer fiel.«[36]

Die Größe des Gegenstandes setzt dieses Werk entschieden gegen die bürgerlichen Rührstücke ab, die die Bühnen Deutschlands ›bevölkerten‹ – deren Stil Schiller ja einst auch seine *Räuber* in der Bearbeitung für das Mannheimer Theater in gewisser Weise anpassen mußte.

Was das Ziel des Stückes ist, wird ebenfalls gesagt: »Von der Parteien Gunst und Haß verwirrt / Schwankt sein Charakterbild in der Geschichte, / Doch euren Augen soll ihn jetzt die Kunst, / Auch eurem Herzen, menschlich näherbringen. / Denn jedes Äußerste führt *sie*, die alles / Begrenzt und bindet, zur Natur zurück [...].« Was die Kunst vermag, was ihr Ziel ist, wird dem Publikum auch angedeutet, gewissermaßen als Gedankensplitter jener harten philosophisch-ästhetischen Auseinandersetzung, die der Arbeit am *Wallenstein* vorausgegangen ist: »Ja danket ihrs, daß sie das düstre Bild / Der Wahrheit in das heitre Reich der Kunst / Hinüberspielt, die Täuschung, die sie schafft, / Aufrichtig selbst zerstört und ihren Schein / Der Wahrheit nicht betrüglich unterschiebt [...].«

Der Prolog leitet dann zum ersten Teil der Trilogie, zu *Wallensteins Lager* über: »Nicht *er* ists, der auf dieser Bühne heut / Erscheinen wird. Doch in den kühnen Scharen, / Die sein Befehl gewaltig lenkt, sein Geist / Beseelt, wird euch sein Schattenbild begegnen, / Bis ihn die scheue Muse selbst vor euch / Zu stellen wagt in lebender Gestalt; / Denn seine Macht ists, die sein Herz verführt, / Sein Lager nur erkläret sein Verbrechen.«

36 In diesem Zusammenhang ist interessant, daß Napoleon die Aufführung des *Wallenstein* durch das »Théâtre français« verboten hat.

Wallensteins Lager

Thomas Mann, der ein Schiller-Liebhaber, aber auch ein differenzierender Schiller-Kritiker war, hat in der kleinen Erzählung *Schwere Stunde* eine einzige Nachtstunde Schillers während der Arbeit am *Wallenstein* geschildert. Er zeigt Schiller in seinem quälenden Kampf mit dem ihn so lange beschäftigenden Problem, wie er auf der Bühne darstellen könne, daß Wallenstein von seiner Armee getragen wird. Schiller hat es schließlich dadurch gelöst, daß er eine Trilogie geschaffen hat, deren erster Teil »Wallensteins Lager« in elf Szenen ganz dem Heer und seiner Bedeutung für Wallenstein gewidmet ist, ohne daß er selbst auftritt.
Im Lager vor Pilsen hat der kaiserliche Feldherr Wallenstein, Herzog von Friedland, Truppen zusammengezogen. Die Soldaten aus aller Herren Länder, die beim Spielen und Trinken zusammensitzen, ahnen, daß sich um die Person ihres Feldherrn, den sie lieben und an dem sie nörgeln, etwas zusammenbraut. Aus Wien ist ein Gesandter des Kaisers eingetroffen, und es ist kein Geheimnis, daß Wallenstein durch den Abzug von acht Regimentern geschwächt werden soll. Darüber wird lang und breit geredet. Trotz der unterschiedlichen Urteile der Soldaten über Wallenstein, trotz der Strafpredigt eines Kapuzinermönchs, einigt sich doch schließlich der überwiegende Teil: »Also laßt jedes Regiment / Ein Pro memoria reinlich schreiben: / Daß wir zusammen wollen bleiben, / Daß uns keine Gewalt noch List / Von dem Friedländer weg soll treiben, / Der ein Soldatenvater ist« (11). Um dieses »Pro memoria« wird es im folgenden Teil gehen. Damit hat Schiller den großen Konflikt kaum wahrnehmbar vorbereitet. Exposition vom Feinsten.

Die Piccolomini

Im Rathaus zu Pilsen hat Wallenstein seine Generale einberufen, um der kaiserlichen Absicht, ihm die acht Regimenter zu nehmen, etwas entgegenzusetzen. Versammelt sind vorerst Illo, Buttler und Isolani. Ihre Gespräche über den Sinn der Zusammenkunft, zeigen, was jeden von ihnen mit Wallenstein verbindet. Buttler, Befehlshaber eines Dragonerregiments und später Wallensteins größter Gegner und Mörder, beendet das Gespräch mit den fast prophetischen Worten: »Ich fürchte, / Wir gehn nicht von hier, wie wir kamen« (I,1).

Wallenstein selbst läßt noch auf sich warten. Zunächst kommt der kaiserliche Abgesandte Kriegsrat Questenberg zusammen mit Octavio Piccolomini. Questenberg deutet den drei Offizieren einen möglichen Wechsel im Oberbefehl an. Als er ihre Haltung zu Wallenstein, die in dem Satz Buttlers gipfelt: »[...] Vom Wallenstein / Erhielten wir den Kaiser erst zum Herrn, / Er knüpft uns, er allein, an diese Fahnen« (I,2), gehört hat, ruft er anschließend Octavio gegenüber aus: »Welch zügelloser Trotz! Was für Begriffe! / – Wenn dieser Geist der allgemeine ist –« Und dieser kann ihm nur antworten: »Drei Viertel der Armee vernahmen Sie« (I,3). Octavio legt nun seine kaisertreue Haltung noch einmal dar und sagt bezüglich seiner Stellung zu Wallenstein spitzfindig: »Befiehlt mir gleich die Klugheit und die Pflicht, / Die ich dem Reich, dem Kaiser schuldig bin, / Daß ich mein wahres Herz vor ihm verberge, / Ein falsches hab ich niemals ihm geheuchelt!« (I,3).

Damit ist nach dem *Lager* auch auf der Offziersebene die Position abgesteckt. Inzwischen ist Max Piccolomini im Lager eingetroffen. Er war beauftragt, Wallensteins Frau und Tochter nach Pilsen zu geleiten, und sieht nun den Vater wieder. Max, der die wahrhaftigste und tiefste innere Beziehung zu Wallenstein hat, den er liebt und verehrt wie ein Sohn den Vater, er soll von Octavio, seinem leiblichen Vater, für den Verrat gewonnen werden. Der ganze zweite Teil der Trilogie ist von diesem Konflikt bestimmt. Das erste Gespräch zwischen den beiden, noch in Anwesenheit Questenbergs, zeigt einen von ganz neuen Gefühlen erhobenen Jüngling – er hat auf der Reise die Liebe von Wallensteins Tochter Thekla gewonnen. Dieses Erlebnis und die Sehnsucht nach Frieden überglänzen all seine Äußerungen: »O schöner Tag! wenn endlich der Soldat / Ins Leben heimkehrt, in die Menschlichkeit, / Zum frohen Zug die Fahnen sich entfalten, / Und heimwärts schlägt der sanfte Friedensmarsch.« Die Schuld dafür, daß es nicht so ist, gibt er dem Hof in Wien, während er in Wallenstein den Friedensbringer sieht: »Ihr macht ihn zum Empörer, und, Gott weiß! / Zu was noch mehr, weil er [...] / Beim Feind Vertrauen zu erwecken sucht, / Das doch der einzge Weg zum Frieden ist; / [...] Wie ich das Gute liebe, haß ich euch – / Und hier gelob ichs an, versprützen will ich / Für ihn, für diesen Wallenstein, mein Blut, / Das letzte meines Herzens, tropfenweis, eh daß / Ihr über seinen Fall frohlocken sollt!« (I,4). Damit ist auch Max' Position deutlich. Questenberg ist abermals erschüttert, Octavio aber ahnt, was Max so sprechen läßt – Thekla.

Was hat Wallenstein vor? Er spielt mit dem Gedanken, den Krieg in Absprache mit den feindlichen Schweden unter Ausschaltung der kaiserlichen Diplomatie zu beenden und sich die böhmische Königskrone zu sichern. Er zaudert jedoch vor diesem ›hochverräterischen‹ Schritt, weil ihm, dem Astrologiegläubigen, die Sterne nicht günstig stehen. Er ist zutiefst überzeugt davon, durch Beachtung günstiger und ungünstiger Sternkonstellationen den Gang der Ereignisse berechnen und Zufälle ausschalten zu können. Dabei ahnt er nicht, daß sein treuester Freund, Octavio, der ihm einst das Leben gerettet hat, sich bereits auf der Gegenseite befindet und vom Kaiser als sein Nachfolger ausersehen ist. Daß er gerade jetzt durch die kaiserlichen Pläne seiner Entmachtung gegen die Aussage der Sterne zum Handeln gezwungen wird, darin besteht sein Konflikt. Illo und sein Schwager Terzky, der die Verhandlung mit den Schweden fördert, drängen ihn. Terzky ist es auch, der Mißtrauen gegenüber Octavio hegt: »Doch wollt ich, daß du dem Octavio, / Dem Fuchs, nicht so viel trautest« (II,6). Wallenstein fühlt sich sicher. Doch möchte er eine unbedingte Verpflichtung seiner Generale auf seine Person. Der Abend soll die Entscheidung bringen.

Die Gräfin Terzky will Max durch seine Liebe zu Thekla für Wallensteins Pläne gewinnen. Dabei fördert und hindert sie diese Beziehung, denn sie weiß, daß Wallenstein mit seiner Tochter noch anderes vorhat, sie soll einst eine Krone tragen.

Graf Terzky hat ein festliches Bankett ausrichten lassen. Im Verlauf dieses Mahles soll die Treueerklärung für Wallenstein unterschrieben werden, um ihn damit zum Handeln drängen zu können. Dieses Schriftstück wird vor dem Bankett den Offizieren vorgelegt. Es enthält am Schluß die Klausel »So weit nämlich unser dem Kaiser geleisteter Eid erlauben wird«. Als es zur Unterschrift kommt, hat Illo in einem Duplikat des Dokuments eben diese Klausel weggelassen. Nach üppigem Mahl und viel Wein unterschreiben alle, ohne den Betrug zu merken, außer Octavio, der aber aus taktischen Gründen dennoch seinen Namen daruntersetzt. Nur Max tut es nicht: »Wie ich für ihn gesinnt bin, weiß der Fürst, / Es wissens alle, und der Fratzen brauchts nicht« (IV,7).

Es ist Nacht. Im Mittelpunkt des 5. Aktes steht ein Vater-Sohn-Gespräch und ein sich daraus ergebender schwerer Konflikt, der sich freilich im 1. Akt schon angebahnt hat. Octavio offenbart Max die Verratsabsichten Wallensteins: »Mein Sohn! Dir ist nicht unbekannt, wie schlimm / Wir mit dem Hofe stehn – doch von den Ränken, / Den Lügenkünsten hast du keine Ahnung, / Die man in Übung setzte, Meuterei / Im Lager auszusäen. Aufgelöst / Sind alle Bande, die den Offizier / An seinen Kaiser fesseln, den Soldaten / Vertraulich binden an das Bürgerleben« (V,1).

Hier nun die Wahrheit zu glauben und nicht dem, was man selber meint, vermag Max nicht, ähnlich wie einst Karl Moor und Ferdinand von Walter: »Es kann nicht sein! kann *nicht* sein! *kann* nicht sein! / Siehst du, daß es nicht kann! Du hättest ihm / Notwendig deinen Abscheu ja gezeigt, / Er hätt sich weisen lassen, oder du / – Du stündest nicht mehr lebend mir zur Seite!«
Für ihn bricht eine Welt, die Welt des jugendlichen Idealisten zusammen. Sein großes Vorbild, der Vater des Mädchens, das er liebt, ein Verräter am Kaiser? Und der leibliche Vater ein Verräter am Freunde? Gegen diesen Zusammenbruch einer Welt steht Octavio dann mit seiner pragmatischen Lebenseinstellung: »Mein bester Sohn! Es ist nicht immer möglich, / Im Leben sich so kinderrein zu halten, / Wie's uns die Stimme lehrt im Innersten.« Max zweifelt, verzweifelt an den Worten Octavios, er wehrt sich gegen die Argumente des Vaters: »Hör auf! ich bitte dich – du raubst den Freund / Mir nicht – Laß mich den Vater nicht verlieren!« Und die Sicherheit seines Gefühls bekräftigt er am Schluß dieses entscheidenden Gesprächs noch einmal: »Dein Urteil kann sich irren, nicht mein Herz.« Während dieses Gesprächs erhält Octavio die Nachricht, daß Sesin, Wallensteins Unterhändler bei den Schweden, gefangengenommen worden ist.

Wallensteins Tod

Wallenstein ist zusammen mit seinem Astrologen Seni immer noch damit beschäftigt, die Sterne nach einem günstigen Zeitpunkt für sein Handeln zu befragen, und sieht eine günstige Konstellation. Da erfährt er von der Gefangennahme seines Unterhändlers und wird wieder schwankend. Illo und Terzky fragen ihn, was er zu tun gedenke in dieser gefährlichen Situation. Aber er meint noch stark zu sein: »Das Heer ist meine Sicherheit. Das Heer / Verläßt mich nicht. Was sie auch wissen mögen, / Die Macht ist mein«

(I,3). Auf diese Szene folgt Wallensteins berühmter Monolog, in dem er Rechenschaft über sein bisheriges Tun ablegt und an dessen Anfang die für ihn so charakteristische Frage steht: »Wärs möglich? Könnt ich nicht mehr, wie ich wollte?« (I,4). Trotz bleibender Zweifel schließt er endlich das Bündnis mit den Schweden ab, denn er sieht ein, er kann nicht mehr zurück. Wie eine Art ›böser Geist‹ wirkt bei diesem endgültigen Entschluß die Gräfin Terzky, die ihn mit Ironie anstachelt und mit feingesponnenen Argumenten sein Handeln als Notwehr gegenüber dem Kaiser auslegt. Wallensteins Gewinn und Verlust: Er erhält mit Unterstützung der Schweden die böhmische Königskrone und gibt ihnen dafür Eger und Prag preis.
Nun hat er noch mit dem redlichen Max einen schweren Kampf zu kämpfen. Er eröffnet ihm seine Pläne: »Urteile nicht! Bereite dich, zu handeln. / – Der Hof hat meinen Untergang beschlossen, / Drum bin ich willens, ihm zuvorzukommen. / – Wir werden mit den Schweden uns verbinden. / Sehr wackre Leute sinds und gute Freunde.« Max ist wie gelähmt, er kann es nicht glauben. Er fleht ihn an, nicht zum Verräter zu werden, doch Wallenstein steht zu seinem Entschluß und drängt ihn zur Entscheidung: »Du mußt Partei ergreifen in dem Krieg, / Der zwischen deinem Freund und deinem Kaiser / Sich jetzt entzündet« (II,2). Für Max bricht seine Welt endgültig zusammen. Illo und Terzky versuchen vergeblich, Wallenstein von Octavios Doppelspiel zu überzeugen. Sie werden abgewiesen, denn für Wallenstein wiegt auf Grund seines Sterneglaubens die Tatsache, daß Octavio ihm einst in der Schlacht das Leben gerettet hat, mehr als alles andere: »Lügt *er*, dann ist die ganze Sternkunst Lüge« (II,3). Octavio versucht noch – schon in Reisekleidung, denn er soll in Wallensteins Auftrag fort –, den Kroatengeneral Isolani und den Dragonergeneral Buttler auf seine Seite zu bringen. Es gelingt ihm, vor allem gelingt es ihm, Buttlers Haß auf Wallenstein zu wecken, weil er nachweisen kann, daß Wallenstein sich über dessen

Bemühungen, den Grafentitel zu erlangen, lustig gemacht hat. Während Isolani zusammen mit anderen Wallenstein heimlich verläßt, will Buttler in seiner Nähe bleiben, um den Verhaßten tot oder lebendig dem Kaiser auszuliefern. Da erscheint Max noch einmal bei Octavio. Der erste Satz, den er in seiner großen inneren Not dem Vater auf die Frage, ob er mit ihm reise, entgegenschleudert, lautet: »Dein Weg ist krumm, er ist der meine nicht.« Dann bricht seine ganze Verzweiflung aus ihm heraus: »Ich kann dich nicht entschuldigen, ich kanns nicht. / Der Herzog hat mich hintergangen, schrecklich, / Du aber hast viel besser nicht gehandelt. / [...] Wärs möglich? Vater? Vater? Hättest dus / Mit Vorbedacht bis dahin treiben wollen? / Du steigst durch seinen Fall. Octavio, / Das will mir nicht gefallen.« Auf Octavios schmerzliche Frage zum Abschied: »Ist es denn wahr? Ich habe keinen Sohn mehr?« (II,7) folgt nur noch eine stumme Umarmung. Wallenstein erfährt kurz nach Octavios Abreise von dessen Verrat und daß die meisten Truppen mit ihm abgezogen sind: »Das war kein Heldenstück, Octavio! / Nicht deine Klugheit siegte über meine, / Dein schlechtes Herz hat über mein gerades / Den schändlichen Triumph davongetragen.« Als er auch noch erfährt, daß Prag gefallen ist, daß Octavio sein Gegner ist, daß die Truppen, die von seinem Verrat gehört haben, von ihm abgefallen sind und er vom Kaiser geächtet ist, sieht er sich an dem Punkt, wo er sich eingestehen muß: »Jetzt fecht ich für mein Haupt und für mein Leben« (III,10). Er macht noch einen Versuch, Max zu halten, er erinnert ihn an die tiefen Bindungen zwischen ihnen, an sein väterliches Verhältnis. Doch Max, zwar von innerem Schmerz fast zerrissen, bleibt fest. Er weiß nicht, wie er sich lösen soll aus der »Väter Doppelschuld und Freveltat« (III,18). Der Abschied von Thekla ist für ihn freilich noch bitterer. Als er sie fragt, was er tun solle, verweist sie ihn auf sein Gewissen, auf die Treue für den Kaiser und damit auf die Abkehr vom Vater. Max zieht in den Kampf gegen die Schweden und fällt. Wallenstein, der sich nun auf seinen Todfeind Buttler verläßt, zieht mit dem Rest der Truppen nach Eger. Dort will er die Schweden erwarten. Als er von Maxens Tod hört, zeigt sich in seiner Rückbesinnung etwas von seiner wahren Liebe zu diesem ›Sohn‹, der sein Leben bereichert hat (V,3). Für Thekla bedeutet der Tod von Max, daß sie ihm folgen muß: »Nein! Auch für mich ward jener Lorbeerkranz, / Der deine Totenbahre schmückt, gewunden« (IV,12).

Inzwischen haben die Schweden gesiegt und ziehen auf Eger zu. Da sieht sich Buttler gezwungen zu handeln. Er hat die Hauptleute Deveroux und Macdonald als Mörder Wallensteins gewonnen. Bei einem Bankett in der Burg zu Eger werden Illo und Terzky umgebracht. Weil Buttler die Trompeten von Octavios heranziehenden Truppen für die der Schweden hält, treibt er die Mörder zur Eile an, und sie töten Wallenstein in seinem Schlafzimmer im Rathaus von Eger. Octavio ist inzwischen in die Stadt eingezogen und bringt die Begnadigung Wallensteins durch den Kaiser. Als er sieht, was vorgefallen ist, versucht er die Schuld an dem Mord auf Buttler abzuwälzen. Die Gräfin Terzky begeht angesichts der Katastrophe Selbstmord durch Gift. Der Schluß des Stücks ist berühmt für seine Prägnanz: Ein Kurier aus Wien erscheint und bringt ein versiegeltes Schreiben, das an den »*Fürsten* Piccolomini« gerichtet ist. Damit wird in einem Satz ein Motiv für Octavios Verhalten zumindest angedeutet: Erhebung in den Fürstenstand als Belohnung für sein Handeln.

Schaut man von *Wallenstein* zurück auf die vorangegangenen Stücke Schillers, so fällt auf, daß nach den Prosadramen der Jugend seit *Don Carlos* nun endgültig das Versdrama in fünffüßigen Jamben die Schillersche Form ist. Im Mittelpunkt steht eine große historische Persönlichkeit, damals wie heute Anlaß zu vielen Fragen. Schiller ist es gelungen, die ungeheure Stoffmasse mit einer bewunderswerten Ökonomie in ein dreiteiliges Stück einzubinden und die Handlung auf drei Tage zu konzentrieren, wobei der Zuschauer oder Leser aber den Eindruck gewinnen kann, es sei ein Stück, in dem ein dreißigjähriger Krieg erlebbar wird. Auf dem dritten Teil, *Wallensteins Tod*, liegt das Hauptgewicht, das *Lager* und *Die Piccolomini* wirken beide wie Expositionen für dieses große Finale, den Untergang einer bedeutenden Persönlichkeit. Drei Handlungsstränge sind deutlich erkennbar: Wallenstein und die ihm ergebenen Generäle; Octavio, der Wiener Hof und die kaisertreuen Generäle; die Liebenden Max und Thekla. Die Hauptbeteiligten dieser drei ›Handlungen‹ stehen vor großen Entscheidungen: Wallenstein muß sich entscheiden, ob er die gedachte Tat auch vollbringen will; Octavio muß sich enscheiden, ob er seinen Sohn in seine Pläne einweihen und sie damit gefährden will, und Max muß sich zwischen Wallenstein und dem Kaiser und damit auch zwischen seinem Vater und Thekla entscheiden. Dabei sind diese Entscheidungen so miteinander verknüpft, daß sie sich gegenseitig beeinflussen. Bis auf Max, dem Thekla in ihrer unerschütterlichen Liebe zur Seite steht, bestimmt Einsamkeit diese Entscheidungen, die alle auf den Untergang der Handelnden zielen – Octavio ist zwar am Ende öffentlich der ›Gewinner‹, aber innerlich vernichtet.

Doch Schiller war sehr daran gelegen, Octavio *nicht* als Verräter an der Freundschaft erscheinen zu lassen.

Die Trilogie ist eines der großen Beispiele für das historische Drama in Deutschland und ist in Schillers Biographie eng verbunden mit den historischen Studien der vorangegangenen Jahre.

Wallenstein, der vom Glück verwöhnte, erfolgreiche Feldherr, der Abgott seiner Soldaten, greift im Vollgefühl seiner unumschränkten Befehlsgewalt und der damit verbundenen Möglichkeiten nach der höchsten Macht – er möchte dem vom Kriege geschundenen Deutschland ohne Mitwirkung und Einwilligung des Kaisers den Frieden mit den Schweden bringen und zugleich die Krone Böhmens erringen. Ein edles und ein egoistisches Ziel gleichermaßen. Indem er direkt mit dem Feind verhandelt, geht er Wege, die die einen als schnöden Verrat, die anderen als kühne Politik bezeichnen. Sogar Octavio, sein entschiedenster Gegner, muß einräumen: »Nichts will er, als dem Reich den Frieden schenken; / Und weil der Kaiser *diesen* Frieden haßt, / So will er ihn – er will ihn dazu *zwingen*!« Freilich um einen Preis, den Octavio auch kennt: »Und zum Ersatz für seine Mühe Böhmen, / Das er schon innehat, für sich behalten« (P V,1). Weil er sich der Treue seines Heeres und der seiner Generäle so sicher wähnt, rechnet er nicht mit Gegnern; denn er glaubt, die Gunst der Stunde aus den Sternen lesen zu können, daher ist für ihn ein Fehlschlag seiner Pläne ausgeschlossen. Er vertraut sich also einer höheren Führung an und ahnt nicht, daß gerade Octavio, dem er am meisten vertraut, der ihm einst in der Schlacht auf geheimnisvolle Weise das Leben gerettet hat, seinen Fall vorbereitet und alle anderen so treu Erscheinenden auf seine Seite zieht. Diese Ironie des Schicksals durchzieht den ganzen zweiten Teil.

Wallenstein, der Umschmeichelte und Verehrte, wird zunehmend einsamer und muß erkennen, daß die Wirklichkeit sich seiner Berechnung entzieht und daß das Vertrauen in den Schicksalslauf der Gestirne brüchig wird. Das kommt am deutlichsten in dem großen Monolog (WT I,4) zum Ausdruck, nachdem er erfahren hat, daß sein Unterhändler Sesina gefangengenommen worden ist. In der Überleitung zu diesem Monolog äußert er das für ihn Unfaßliche: »Er hat mich überrascht – Es kam zu schnell / – Ich bin es nicht gewohnt, daß mich der Zufall / Blind waltend, finster herrschend mit sich führe« (WT I,3). Von nun an ist er ein Getriebener und muß das bloß Gedachte tun, im Bewußtsein, daß es mißlingen kann – ja daß es mißlingen wird.

Die Entscheidung von Max und Octavio ist in einen Vater-

Sohn-Konflikt eingebettet, erweitert, ja verdoppelt um einen solchen, der aus dem ›Sohnverhältnis‹ zu Wallenstein hervorgeht. Das macht die Entscheidung für Max um so schwerer, vor allem, da Wallenstein diese tiefe Beziehung als Mittel einsetzt, ihn doch noch an sich zu binden: »Ich habe dich gehalten und getragen / Von Kindesbeinen an – Was tat dein Vater / Für dich, das ich nicht reichlich auch getan? / Ein Liebesnetz hab ich um dich gesponnen, / Zerreiß es, wenn du kannst – Du bist an mich / Geknüpft mit jedem zarten Seelenbande, / Mit jeder heilgen Fessel der Natur, / Die Menschen aneinanderketten kann« (WT III,18). Als Octavio Max sein Wissen von Wallensteins Plänen anvertraut, stößt er zunächst auf baren Unglauben. Nachdem er sich von der Wahrheit überzeugt hat und zu Octavio zurückkehrt, ist er bis ins Mark getroffen.

Doch sein schwerster Gang ist der Abschied von Thekla, da er in ihrer Gegenwart noch einmal auf Wallenstein trifft, der ihm mit seinen Worten den schon gefaßten Entschluß mehr als schwer macht. Die Abschiedsszene zeigt die ganze Bedeutung dieser ›Nebenhandlung‹, in der eine menschliche Beziehung aufleuchtet, die nichts zu tun hat mit den realistischen und materialistischen Zielen der übrigen Gestalten, insbesondere denen der Väter. Die Abschiedsworte Theklas machen das deutlich: »Wie du dir selbst getreu bleibst, bist dus mir. / Uns trennt das Schicksal, unsre Herzen bleiben einig. / Ein blutger Haß entzweit auf ewge Tage / Die Häuser Friedland, Piccolomini, / Doch wir gehören nicht zu unserm Hause« (WT III,21).

Max und Thekla sind die Idealisten in diesem Stück. Da es aber für Schiller von Anfang an, im Grunde genommen seit den *Räubern,* darum geht, immer deutlicher zu zeigen, daß weder der Realist noch der Idealist für sich lebensfähig ist, sondern daß sie zusammen erst, im gegenseitigen Austausch, das vollkommende Bild des Menschen bieten, ist die Haltung von Max und Thekla zum Scheitern verurteilt. Sie können sich und ihre Ideale, ihre Liebe, die über all dem

Macht- und Erfolgsstreben um sie herum steht,[37] nur im selbstgewählten Tod bewahren. Wie sich Realist und Idealist zueinander verhalten, hat Schiller in seiner Abhandlung *Über naive und sentimentalische Dichtung* klar formuliert: »Jenem [dem Realisten] fällt es nicht ein, daß der Mensch noch zu etwas anderm da sein könne, als wohl und zufrieden zu leben; und daß er nur deswegen Wurzeln schlagen soll, um seinen Stamm in die Höhe zu treiben. Dieser [der Idealist] denkt nicht daran, daß er vor allen Dingen wohl leben muß, um gleichförmig gut und edel zu denken, und daß es auch um den Stamm getan ist, wenn die Wurzeln fehlen« (SW 5,777). Daß Wallenstein in seiner zunehmenden Vereinsamung über diese Einseitigkeit hinauswächst und den Mangel des Realisten deutlich spürt, zeigt sich, als er die Nachricht von Maxens Tod erhält: »Doch fühl ichs wohl, was ich in ihm verlor. / Die Blume ist hinweg aus meinem Leben, / Und kalt und farblos seh ichs vor mir liegen. / Denn *er* stand neben mir, wie meine Jugend, / Er machte mir das Wirkliche zum Traum, / Um die gemeine Deutlichkeit der Dinge / Den goldnen Duft der Morgenröte webend – / Im Feuer seines liebenden Gefühls / Erhoben sich, mir selber zum Erstaunen, / Des Lebens flach alltägliche Gestalten« (WT V,3). Indem er den Tod des Idealisten als schweren Verlust erlebt, scheint seine ganze Tragik auf und bewirkt für den Leser und Zuschauer das, was Schiller im Prolog angekündigt hat: »Von der Parteien Gunst und Haß verwirrt / Schwankt sein Charakterbild in der Geschichte, / Doch euren Augen soll ihn jetzt die Kunst, / Auch eurem Herzen, menschlich näherbringen.«

37 Max hat den Frieden, den Wallenstein durch Verrat herbeiführen will, zum ersten Mal in seinem Leben mit den Augen der Liebe gesehen: »Ich hab den Frieden nie gesehn? – Ich hab ihn / Gesehen, alter Vater, eben komm ich – / Jetzt eben davon her – es führte mich / Der Weg durch Länder, wo der Krieg nicht hin / Gekommen – o! das Leben, Vater, / Hat Reize, die wir nie gekannt« (P I,4).

Maria Stuart. Trauerspiel in 5 Aufzügen. Verse. Entstehung Juni 1799 – Juni 1800. 14. Juni 1800 Uraufführung in Weimar. Erstausgabe Tübingen 1801.

Schon in der Bauerbacher Zeit, als Schiller an *Don Carlos* zu arbeiten begann, stieß er auf den Stoff zu diesem Stück. Als er sich dann an die Ausarbeitung machte, war er in ständigem Austausch mit Goethe.

Übersicht über Inhalt und Aufbau des Dramas:[38]

I,1–8: Im Schloß zu Fotheringhay. Die katholische Königin Maria Stuart von Schottland ist nach der Ermordung ihres Gatten, König Darnleys, an der sie beteiligt gewesen ist, aus ihrem Lande geflohen und hat bei der anglikanisch-protestantischen englischen Königin Elisabeth Schutz gesucht. Elisabeth sieht jedoch in ihr eine Rivalin, die die schottische *und* die englische Königskrone anstrebt. Sie hat sie deshalb auf Schloß Fotheringhay gefangensetzen lassen. Was mit Maria geschehen soll, ist noch nicht entschieden, doch sie lebt in der Angst, ihr Leben zu verlieren. Marias ›Hüter‹ Paulet hat auf Befehl einen Schrank der Königin aufgebrochen und wertvolle Erinnerungsstücke an sich genommen. Marias innere Haltung, ihr unbeugsamer Stolz, wird in ihrer Reaktion auf diese Tat sichtbar: »[...] Diese Flitter machen / Die Königin nicht aus. Man kann uns niedrig / Behandeln, nicht erniedrigen. Ich habe / In England mich an viel gewöhnen lernen, / Ich kann auch das verschmerzen« (I,2). Unter den entwendeten Dingen befindet sich auch ein Brief an Elisabeth, in dem sie um eine Aussprache bittet – diese Aussprache wird zum Mittelpunkt des Stückes werden.

Im folgenden Gespräch mit ihrer ehemaligen Amme und jetzigen Vertrauten Hanna Kennedy zeigt sich etwas von ihrer Vergangenheit und von den Schuldgefühlen, die sie bedrängen: Sie fühlt sich, trotz aller Entschuldigungen Hannas, schuldig an der Ermordung ihres Mannes, König

38 Da das Stück immer wegen seines vollendeten Aufbaus als Musterbeispiel des klassischen deutschen Dramas gerühmt worden ist, wird die Inhaltsübersicht nach Akten und Szenen gegliedert.

Darnley. Der Neffe ihres Hüters Paulet, der junge Mortimer, tritt auf. Er liebt sie leidenschaftlich. Der streng erzogene Puritaner gibt sich ihr, Ergebnis einer Romreise, als heimlicher Katholik zu erkennen und plant mit zwölf Gleichgesinnten die Befreiung Marias. Sie verweist ihn an ihren scheinbaren Gegner Leicester. Lord Burleigh überbringt Maria das Urteil des Gerichts, das Maria der Beteiligung an Mordplänen gegen Elisabeth für schuldig befunden hat. Paulet kritisiert gegenüber Burleigh die Prozeßführung. Er lehnt den Plan, er solle Maria ermorden oder zumindest den Mord an ihr zulassen, entschieden ab: »Und seid gewiß, ich werde sie bewahren, / Daß sie nichts Böses tun soll, noch erfahren!« (I,8).
II,1–9: Der Palast zu Westminster. Kent und Davison erörtern den Plan einer Ehe zwischen Elisabeth und dem französischen Thronfolger. Elisabeth gibt der englischen Gesandtschaft eine unverbindliche Zusage. Im Staatsrat spricht Burleigh für die Vollstreckung des Todesurteils an Maria, während Shrewsbury an der Rechtmäßigkeit des Urteils zweifelt. Leicester, der für das Urteil gestimmt hat, rät zur Umwandlung in lebenslange Haft. Paulet übergibt Elisabeth Marias Bittschrift um eine Unterredung und stellt seinen Neffen Mortimer der Königin vor. Da dessen Übertritt zum Katholizismus inzwischen bekannt ist, deutet er diesen Schritt als List im Interesse Elisabeths gegenüber Maria. Elisabeth fordert ihn in einem Gespräch auf, Maria zu ermorden. In einem langen Monolog spricht er seine tiefe Leidenschaft für Maria aus. Mortimer gibt sich, entsprechend dem Rat Marias, Leicester gegenüber zu erkennen. Leicester, der einst mit Maria verlobt war und vorgibt, sie immer noch zu lieben, der zudem der heimliche Geliebte Elisabeths war, erklärt und rechtfertigt sein Taktieren, während Mortimer unbedingtes Handeln fordert: [...] »Wie? So bedenklich, Graf, / Bei einer Botschaft, die Euch Hülfe bringt! / Ihr wollt die Stuart retten und besitzen, / Ihr findet Freunde, plötzlich, unerwartet, / Vom Himmel fallen

Euch die nächsten Mittel – / Doch zeigt Ihr mehr Verlegenheit als Freude?« (II,8).

Leicester, der durch das vorläufige Heiratsversprechen Elisabeths an die Franzosen seine Pläne, die Königin endgültig zu gewinnen, gescheitert sieht, wagt wieder ein doppeltes Spiel. Es gelingt ihm, Elisabeth mit vielfältigen höfischen Schmeicheleien zu dem von Maria erbetenen Gespräch zu überreden: »[...] gewähr es ihr als Strafe! / Du kannst sie auf das Blutgerüste führen, / Es wird sie minder peinigen, als sich / Von deinen Reizen ausgelöscht zu sehn. / Dadurch ermordest du sie, wie sie dich / Ermorden wollte – Wenn sie deine Schönheit / Erblickt, durch Ehrbarkeit bewacht, in Glorie / Gestellt durch einen unbefleckten Tugendruf, / Den *sie*, leichtsinnig buhlend, von sich warf, / Erhoben durch der Krone Glanz, und jetzt / Durch zarte Bräutlichkeit geschmückt – dann hat / Die Stunde der Vernichtung ihr geschlagen« (II,9).

III,1–8: Im Park von Fotheringhay. Der 3. Akt bildet den Höhepunkt des Stückes: die Gegnerinnen treffen aufeinander. Maria und Hanna genießen den Aufenthalt in der freien Natur, der ihnen Freiheit vortäuscht: »O Dank, Dank diesen freundlich grünen Bäumen, / Die meines Kerkers Mauern mir verstecken! / Ich will mich frei und glücklich träumen« (III,1). Da kündigt Paulet die Ankunft Elisabeths an, die in der Gegend jagt. Sie trifft wie zufällig auf Maria, die sich unterwürfig nähert, überzeugt, es könne eine Verständigung geben. Maria versucht, die jahrelange Feindschaft als ein durch Menschlichkeit zu überwindendes Schicksal zu deuten: »*Ihr* seid nicht schuldig, *ich* bin auch nicht schuldig, / Ein böser Geist stieg aus dem Abgrund auf, / Den Haß in unsern Herzen zu entzünden, / Der unsre zarte Jugend schon entzweit. / Er wuchs mit uns, und böse Menschen fachten / Der unglückselgen Flamme Atem zu. / [...] / Wir stehn einander selbst nun gegenüber. / Jetzt, Schwester, redet! Nennt mir meine Schuld, / Ich will Euch völliges Genügen leisten.« Elisabeth verhöhnt Maria und geht nicht auf sie zu; sie lastet ihr alle Schuld an. Nun schlägt Maria mit großer Heftigkeit zurück: »Das Ärgste weiß die Welt von mir, und ich / Kann sagen, ich bin besser als mein Ruf. / Weh Euch, wenn sie von Euren Taten einst / Den Ehrenmantel zieht, womit Ihr gleißend / Die wilde Glut verstohlner Lüste deckt. / Nicht Ehrbarkeit habt Ihr von Eurer Mutter / Geerbt« (III,4). Den schwersten Schlag versetzt sie ihrer Gegnerin, als sie ihr vorwirft, sie sei als illegitime Tochter Heinrichs V. zu Unrecht auf dem Thron. Der Konflikt ist nun aufs äußerste zugespitzt und drängt nach Entscheidung: Elisabeth muß diese Demütigung rächen, Mortimer, der Zeuge des Gesprächs war, muß nun als Befreier handeln, freilich tut er es mit egoistischer Besitzergeste, noch einmal an die Sprache der Jugenddramen erinnernd: »Was ist mir alles Leben gegen *dich* / Und meine Liebe! Mag der Welten Band / Sich lösen, eine zweite Wasserflut / Herwogend alles Atmende verschlingen! / – Ich achte nichts mehr! Eh ich dir entsage, / Eh nahe sich das Ende aller Tage« (III,6). Doch die Steigerung der Spannung geht noch weiter. Es folgt die Nachricht von der angeblichen Ermordung Elisabeths durch einen Freund Mortimers und kurz darauf die vom Mißlingen des Attentats: Nun gibt es für Elisabeth kaum mehr ein Zögern, und Mortimers Pläne und sein Leben sind von da an verloren.

IV,1–4: Vorzimmer der Königin im Palast zu Westminster. Leicester und Burleigh geben dem französischen Gesandten Graf Aubespine die Verantwortung für das Attentat, weil der Täter ein Franzose ist und einen Paß mit seiner Unterschrift besitzt. Das Heiratsversprechen wird gelöst. Leicester, der von Burleigh in seinem Doppelspiel durchschaut worden ist, läßt, um sich selbst zu retten, Mortimer verhaften. Dieser entzieht sich einer Verurteilung durch Selbstmord.

IV,5–12: Zimmer der Königin. Elisabeth besitzt durch einen Brief Leicesters an Maria, der nach dem Attentat in Fotheringhay gefunden worden ist, den Beweis seines Verrates.

»Maria Stuart«.
Aufführung Bremen 1972 (Regie: Wilfried Minks)

Leicester erklärt seine Beziehung zu Maria als List, die schließlich zur Entlarvung Mortimers geführt habe. Leicester rät zur Vollstreckung des Todesurteils, um seinen eigenen Kopf zu retten, und wird mit der Ausführung beauftragt. An dieser Stelle wird die Handlung retardiert: Shrewsbury, der das Attentat verhindert hat, rät der Königin zur Besonnenheit: »Dies eine nur vernimm! Du zitterst jetzt / Vor dieser lebenden Maria. Nicht / Die Lebende hast du zu fürchten. Zittre vor / Der Toten, der Enthaupteten. Sie wird / Vom Grab erstehen, eine Zwietrachtsgöttin, / Ein Rachegeist in deinem Reich herumgehn, / Und deines Volkes Herzen von dir wenden« (IV,9). Elisabeth zwingt sich zur Härte gegen Maria, indem sie sich erinnert: »Mit welchem Hohn sie auf mich nieder sah, / Als sollte mich der Blick zu Boden blitzen! / Ohnmächtige! Ich führe beßre Waffen, / Sie treffen tödlich, und du bist nicht mehr!« (IV,10) und unterschreibt das Urteil. Ihr Sekretär Davison bittet noch einmal um Aufschub, dann händigt sie ihm das Urteil aus, ohne genau zu sagen, was er damit tun soll. Damit verschleiert sie die eigene Entscheidung. Burleigh, der hinzukommt, entreißt ihm das Dokument, um es vollstrekken zu lassen.

V,1–10: Marias Zimmer in Fotheringhay. Die verzweifelte Hanna berichtet Marias ehemaligem Haushofmeister Melvil, daß statt der Befreiung mit den Vorbereitungen zur Hinrichtung begonnen worden sei. Maria nimmt Abschied von ihrer Dienerschaft. Melvil, der sich zu diesem Zweck zum Priester hat weihen lassen, hört Marias Beichte: Sie bekennt sich mitschuldig am Mord an ihrem Mann, sieht sich aber frei von Schuld gegenüber Elisabeth. Danach erhält sie die Kommunion. Bevor sie zur Hinrichtung geht, trägt sie Burleigh noch auf, er möge Elisabeth sagen, daß sie ihr das Todesurteil vergebe und auch Abbitte leiste wegen ihrer heftigen Worte tags zuvor. Auf dem Weg zur Hinrichtung begegnet sie Leicester, dem sie frei von Vorwurf ihre Hoffnung auf seine Hilfe und ihre Liebe gesteht. Leicester bleibt nur, sich selbst anzuklagen. »Sie geht dahin, ein schon verklärter Geist, / Und *mir* bleibt die Verzweiflung der Verdammten« (V,10). Diese Verzweiflung zeigt sich darin, daß er die Hinrichtung nur vor der Türe hörend wahrnimmt und zusammenbricht.

V,11–15: Zimmer der Königin. Nun bricht das Schicksal über Elisabeth herein: Die Zeugen im Prozeß gegen Maria haben widerrufen, das Urteil ist ungültig. Elisabeth gibt die Verantwortung für die vollzogene Hinrichtung, die sie offensichtlich meinte noch aufhalten zu können, Davison und Burleigh. Sie sollen bestraft werden. Der treue Shrewsbury kündigt ihr den Dienst auf: »Ich habe deinen edlern Teil / Nicht retten können.« Leicester, der einstige heimliche Geliebte, den sie jetzt um sich haben möchte, »läßt sich entschuldigen, er ist zu Schiff nach Frankreich« (V,15). Wohl hat sie jetzt die unumschränkte Macht, aber sie ist einsamer als je zuvor.

Blickt man auf die Handlung zurück, so gibt das folgende Zitat eine präzise Zusammenfassung des Handlungsaufbaus: »Schillers kunstvolle Führung und Fügung der Handlung bannt das überstürzte und gestaute Geschehen von Anfang an in eine genau berechnete ästhetische Struktur, spiegelt die Unüberschaubarkeit der seelischen und politischen Prozesse in einem überschaubaren Gebilde wider. [...] ein architektonischer Bauwille macht sich geltend, dem gleichwohl jegliche Starre fehlt.«[39]

Auf drei Tage, ähnlich wie im *Wallenstein*, hat Schiller die Handlung zusammengedrängt. Maria hat ihr Urteil erhalten, die Todesstrafe ist nicht ausgesprochen, aber sie droht ihr. Um die Handlung von diesem Zeitpunkt an in Gang zu setzen, hat Schiller drei Handlungskomplexe erfunden: Leicesters Beziehung zu Maria, die Gestalt Mortimers, seine

39 Gert Sautermeister, »*Maria Stuart*. Ästhetik, Seelenkunde, historisch-gesellschaftlicher Ort«, in: *Interpretationen. Schillers Dramen* (Anm. 26), S. 289.

Beziehung zu Maria und seinen fanatischen Befreiungsplan und die Begegnung der beiden Königinnen. Alle drei Handlungskomplexe sind eng miteinander verknüpft und dienen auf unterschiedliche Weise dazu, der schon Verurteilten Hoffnung auf Rettung zu geben: durch Verbesserung des Verhältnisses zu Elisabeth und durch eine gewaltsame Befreiung. Leicester und Mortimer sind die Exponenten dieser Versuche, wobei Leicester mit beiden Versuchen verknüpft ist. Mortimers im ersten Akt leidenschaftlich, ja fanatisch vorgetragener Befreiungsplan wird im zweiten durch Leicesters ängstliches Zögern gehemmt und scheitert durch voreiliges Handeln eines Mitverschwörers im dritten. Das führt zu Mortimers Vernichtung. Es bleibt noch die Hoffnung auf Leicester. Der jedoch sieht sich nach dem gescheiterten Zusammentreffen der Königinnen und dem Attentat auf Elisabeth selbst in Gefahr, wendet sich von Maria ab und läßt Mortimer fallen. Alle die Katastrophe hemmenden Möglichkeiten sind nun weggefallen, und auch Shrewsburys kluger Rat kann die todbringende Entscheidung Elisabeths nicht mehr aufhalten.
Wenn man Schiller über diese Meisterschaft des Aufbaus hinaus große psychologische Fähigkeiten[40] zusprach, dann sind sie in diesem Stück in einem für die damalige Zeit geradezu unglaublich modernen Ausmaß zu fassen. Schiller hat im Hinblick auf die Darstellung der beiden Königinnen bei der Probenarbeit Vorstellungen entwickelt, die auf die Beteiligten außerordentlich befremdlich wirkten und die er schließlich aufgeben mußte: »Damals wollte der Dichter die beiden Repräsentantinnen der Elisabeth und Maria miteinander in den Rollen wechseln lassen, bis er späterhin von der Unstatthaftigkeit dieses Planes überzeugt wurde, doch aber ungern davon abging.«[41] Was mag er sich dabei gedacht haben? Ilse Graham hat eine Antwort auf diese Frage zu geben versucht: »Ihr Treffen bedeutet nicht nur, ja nicht ein-

40 Vgl. Kommerell (Anm. 33).
41 Grawe (Anm. 27), S. 67.

mal im wesentlichen den direkten Zusammenprall zweier getrennter und einander feindlicher Gestalten, die sich aus politischen, intellektuellen und Gründen des Temperaments unversöhnlich gegenüberstehen. Vielmehr bedeutet sie für beide eine Konfrontation mit sich selbst; genauer gesagt mit den unterdrückten und unausgebildeten Zügen ihrer Seele, die ihr nun unbequemerweise in Gestalt ihres eigenen verwandten, aber feindlichen Alter ego entgegentreten.«[42] Gert Sautermeister spricht in diesem Zusammenhang von einer »unkonventionellen, zeit- und normenkritischen Darstellung der weiblichen Geschlechtsrolle«[43]. Eben dieses Unkonventionelle und für die damaligen Schauspielerinnen Erschreckende scheint in Schillers Anregung zu liegen, die Darstellerinnen die Rollen wechseln zu lassen. Sautermeister faßt es formelhaft zusammen: »Vernachlässigt Elisabeth die Frau in der Regentin, so hat Maria Stuart die Regentin in der Frau vernachlässigt.«[44]

Während Elisabeth in dieser Problematik bis zum Schluß befangen bleibt und auf dem Gipfel ihrer Macht einsam ist – der, mit dem sie innerlich noch am meisten verbunden hat, Leicester, ist vor ihr geflohen –, gelingt es Maria, Regentin ihres Schicksals zu werden. Aus der schönen und begehrenswerten Maria, der die Männer zu Füßen gelegen haben und die mit dieser Möglichkeit bis zuletzt Politik zu machen gesucht hat, wird nun eine Herrscherin der eigenen Seele. Indem sie ihre Schuld und ihren Tod in Freiheit akzeptiert, wird sie zu dem, was Schiller eine »schöne Seele« nennt. Ohne äußeren Zwang ist sie in der Lage, ihrer einstigen Feindin, die sie am Tage zuvor noch zutiefst beleidigt hat und von der sie beleidigt worden ist, zu verzeihen und sie um Verzeihung zu bitten: [...] »Der Königin von England / Bringt meinen schwesterlichen Gruß – Sagt ihr, / Daß ich ihr meinen Tod von ganzem Herzen / Vergebe, meine Heftigkeit

42 Ilse Graham, *Schiller's Drama. Talent and Integrity*, London 1974, S. 155.
43 Sautermeister (Anm. 39), S. 301, Anm. 46.
44 Ebenda, S. 299.

von gestern / Ihr reuevoll abbitte – Gott erhalte sie, / Und schenk ihr eine glückliche Regierung!« (V,8).
Und auch dem charakterlosen Verräter Leicester vermag sie zu verzeihen, ihn freilich damit innerlich vernichtend: »Jetzt, da ich auf dem Weg bin, von der Welt / Zu scheiden, und ein selger Geist zu werden, / Den keine irdsche Neigung mehr versucht, / Jetzt, Leicester, darf ich ohne Schamerröten / Euch die besiegte Schwachheit eingestehn – / Lebt wohl, und wenn Ihr könnt, so lebt beglückt! / Ihr durftet werben um zwei Königinnen, / Ein zärtlich liebend Herz habt Ihr verschmäht, / Verraten, um ein stolzes zu gewinnen, / Kniet zu den Füßen der Elisabeth! / Mög Euer Lohn nicht Eure Strafe werden!« (V,9).
Schiller hat mit diesem Stück nach dem *Wallenstein* ein weiteres Mal Geschichte auf die Bühne gebracht. Wird diese Tragik der großen historischen Persönlichkeiten aber auf der Bühne herausgearbeitet, dann tritt das Psychologische, die ›private‹ Auseinandersetzung, die heute das Publikum durchaus anzieht, notwendigerweise in den Hintergrund; dann muß die Regentin dominieren.[45] Maria endet in innerer königlicher Hoheit, Elisabeth hat die unangefochtene königliche Macht errungen, die ihr, einer kirchlich ungültigen Ehe Entsprossenen, nicht mehr streitig gemacht wird. Sie hat unter dem Zwang politischer Notwendigkeit gehandelt, die Ratschläge des klugen Shrewsbury verworfen. Doch ist die von ihr errungene Macht auch wieder gefährdet, weil die Vernichtung der politischen Gegnerin sie die Gunst des Volkes kosten kann. Deswegen versucht sie sich von der Schuld reinzuwaschen und wählt ein altbewährtes politisches Mittel: Sie schiebt wohlbedacht die Schuld auf Untergebene. Weil sie ihrem Sekretär Davison das unterschriebene Todesurteil ohne nähere Anweisungen überge-

45 Norbert Oellers, »Klassische Dramen, Literaturwissenschaft, Theater«, in: *Schau Bühne*, S. 313: »Der Literaturwissenschaftler sollte dennoch einem *Maria Stuart*-Regisseur raten, das Mögliche zu unternehmen: das Drama auch als ein Lehrstück über Machtpolitik zu inszenieren.«

ben hat, meint sie sich freisprechen zu können. Dennoch hat Schiller in ihr keinen ›Bösewicht‹ vorführen wollen. Ihre Situation am Ende des Stückes ist durchaus tragisch, ähnlich der König Philipps in *Don Carlos* oder der Octavio Piccolominis im *Wallenstein*.

Die Jungfrau von Orleans. Eine romantische Tragödie in 5 Aufzügen. Verse. Beginn der Arbeit am 1. Juli 1800, Abschluß am 16. April 1801. 11. September 1801 Uraufführung in Leipzig, Erstdruck Berlin 1801 im *Kalender auf das Jahr 1802*.

Schon unmittelbar nach Abschluß der Arbeit an *Maria Stuart* beginnt Schiller mit diesem Stück, von dem er an Körner während der Arbeit schreibt: »[...] ich bin mit dem ganzen Herzen dabei, und es fließt auch mehr aus dem Herzen als die vorigen Stücke, wo der Verstand mit dem Stoff kämpfen mußte« (Brief vom 5. Januar 1801, NA 31,1).

Körner fürchtete Hohn und Ärger in einer Umgebung, in der die parodistisch-verspottende Bearbeitung des Stoffs durch Voltaire in seiner *La Pucelle d'Orléans* das größte Ansehen genoß. In dem 1802 erschienenen Gedicht *Das Mädchen von Orleans* geht Schiller, ohne ihn zu nennen, mit Voltaire, den er sonst durchaus schätzt, ins Gericht: »Das edle Bild der Menschheit zu verhöhnen, / Im tiefsten Staube wälzte dich der Spott, / [...] / Es liebt die Welt, das Strahlende zu schwärzen / Und das Erhabne in den Staub zu ziehn« (SW 1,460).

Das Stück versetzt den Zuschauer in das Frankreich des beginnenden 15. Jahrhunderts. Den Anfang bildet ein Prolog in vier Szenen. Er spielt in der »ländlichen Gegend« von Johannas lothringischer Heimat. Johanna bereitet sich innerlich auf den Abschied von Heimat und Familie vor, um ihren göttlichen Auftrag der Befreiung Frankreichs von der Besetzung durch die Engländer zu erfüllen. Ihr Vater Thi-

baut d'Arc ist ein wohlhabender Landmann, der auf Grund der beunruhigenden Nachrichten von den Siegen der Engländer und der aussichtslosen Situation des französischen Königs seine drei Töchter gerne versorgt, d. h. verheiratet sähe: »[...] denn das Weib / Bedarf in Kriegesnöten des Beschützers, / Und treue Lieb hilft alle Lasten heben« (Prolog, 1). Johannas Schwestern Margot und Louison sollen am nächsten Tag heiraten, aber Johanna weigert sich, mit ihrem Verlobten Raimond ebenfalls die Ehe einzugehen. Darüber ist der Vater besorgt, er kann sich die Weigerung nicht recht erklären, ja ihr ganzes Verhalten gibt ihm viele Rätsel auf: »Oft seh ich ihr aus tiefem Tal mit stillem / Erstaunen zu, wenn sie auf hoher Trift / In Mitte ihrer Herde ragend steht, / Mit edelm Leibe, und den ernsten Blick / Herabsenkt auf der Erde kleine Länder. / Da scheint sie mir was Höhres zu bedeuten, / Und dünkt mirs oft, sie stamm aus andern Zeiten« (Prolog, 2).
Als der Landmann Bertrand zu Vater und Tochter stößt, trägt er einen Helm bei sich, den er unter geheimnisvollen Umständen in der Stadt von einer Zigeunerin erhalten hat. Johanna entreißt ihm diesen Helm und ist von da an wie verwandelt. Mit prophetischen Worten, die den Vater und Bertrand in Erstaunen setzen, kündet sie vom Sieg, von ihrem Sieg über die Engländer. Der Helm ist das Zeichen, daß ihre Zeit jetzt gekommen ist. In einem langen Monolog in der letzten Szene des Prologs nimmt sie Abschied von dem Land ihrer Kindheit, schaut auf ihr bisheriges Leben zurück und vergewissert sich noch einmal des Auftrags, den ihr die göttliche Stimme »aus des Baumes Zweigen« gegeben hat: »In rauhes Erz sollst du die Glieder schnüren, / Mit Stahl bedecken deine zarte Brust, / Nicht Männerliebe darf dein Herz berühren / Mit sündgen Flammen eitler Erdenlust.« Dann bricht sie auf zum Sitz des Königs in Chinon. Die Engländer sind inzwischen weit bis ins Herz Frankreichs vorgedrungen, Paris ist erobert, und die Feinde stehen vor Orléans. Isabeau, die Mutter des Königs, hat sich mit ihnen

verbündet, ebenso der Herzog von Burgund. Der schwache König Karl ist durch die schlechten Nachrichten gänzlich niedergedrückt, er sieht sich nicht imstande, der Niederlage etwas entgegenzusetzen, und beschließt, der Krone zu entsagen, da in Paris die Engländer einen neuen König ausgerufen haben, dem Karls eigene Mutter bereits gehuldigt hat. Bevor er in den Süden Frankreichs flieht, erfährt er von einer plötzlichen Wende in der letzten Schlacht. Die Engländer haben zweitausend Mann verloren, während das französische Heer ohne Verluste geblieben ist. Das sei durch eine »Jungfrau, mit behelmtem Haupt« bewirkt worden, die die Feinde verwirrt und die eigenen Krieger mit den Worten »Was zagt ihr, tapfre Franken! Auf den Feind! / Und wären sein mehr denn des Sands im Meere, / Gott und die heilge Jungfrau führt euch an!« (I,9) begeistert in den Kampf geführt habe. Dann erscheint Johanna selbst in Chinon. Sie erkennt den König unter den dort Versammelten, ohne ihn je vorher gesehen zu haben, und erzählt dem Hof von ihrer göttlichen Berufung. Alle glauben ihren Worten, und Johanna zieht mit dem Segen der Kirche in den Kampf, eine Fahne mit der Gottesmutter führend. Die Engländer, die sich kaum von ihrer Niederlage erholt haben, werden mit dem Schlachtruf »Gott und die Jungfrau« überrumpelt und besiegt. Ein diplomatischer Sieg besonderer Art gelingt Johanna noch, indem sie den Herzog von Burgund mit Worten, denen er sich nicht entziehen kann, für die Sache des Königs zurückgewinnt: »O komm herüber! Edler Flüchtling komm! / Herüber, wo das Recht ist und der Sieg. / Ich selbst, die Gottgesandte, reiche dir / Die schwesterliche Hand. Ich will dich rettend / Herüberziehn auf unsre reine Seite! – / Der Himmel ist für Frankreich. Seine Engel, / Du siehst sie nicht, sie fechten für den König, / Sie alle sind mit Lilien geschmückt, / Lichtweiß wie diese Fahn ist unsre Sache, / Die reine Jungfrau ist ihr keusches Sinnbild« (II,10).

Dunois und La Hire, die besten Ritter des Königs, werben

um Johanna, aber sie weist sie in Einhaltung ihres Gelübdes und aus Treue zu ihrer großen Aufgabe ab: »Berufen bin ich zu ganz anderm Werk, / Die reine Jungfrau nur kann es vollenden. / Ich bin die Kriegerin des höchsten Gottes, / Und keinem Manne kann ich Gattin sein« (III,4). Ihr Ziel ist es, König Karl nach Reims zu führen, damit er dort in der Kathedrale zum König eines befreiten Frankreichs gekrönt werde. Fast vor den Toren der Stadt kommt es zu einer Schlacht. In dieser Schlacht fällt zwar der mächtige englische Feldherr Talbot, aber auch für Johanna bedeutet sie eine schwere Prüfung, ja eine Wende in ihrem Leben. Zunächst tritt ein geheimnisvoller schwarzer Ritter am Schluß der Schlacht auf, und sie ahnt, daß ihr in seiner Gestalt »das Unglück an der Seite steht«. Der Ritter warnt sie eindringlich, in die vor ihr liegende Stadt zu ziehen und den König zu krönen. Als sie eine Erklärung verlangt, ja ihn dazu zwingen will, versinkt er unter Blitz und Donner. Seine letzten Worte: »Töte, was sterblich ist!« (III,9).
Das eigentliche Unglück naht ihr aber nun in Gestalt des jungen englischen Feldherrn Lionel, der den Tod Talbots an ihr rächen will. Als sie ihn schon überwältigt hat und dabei ist, ihm den Todesstoß zu geben, schaut sie ihm ins Gesicht und ist von seinem Anblick so getroffen, daß sie das Schwert fallen läßt und ihm Schonung anbietet: »[...] Rette dich! / Ich will nichts davon wissen, daß dein Leben / In meine Macht gegeben war. / [...] Töte mich / – Und fliehe!«
Die Zuneigung zu ihm, die sie verspürt, sieht sie als Verrat an ihrem göttlichen Auftrag, zumal Lionel seinerseits plötzlich statt Haß Liebe empfindet: »Mich jammert deine Jugend, deine Schönheit! / Dein Anblick dringt mir an das Herz. Ich möchte / Dich gerne retten – Sage mir, wie kann ichs! / Komm! Komm!« (III,10). Als ihre Ritter kommen, um sie zu suchen, verläßt Lionel sie, ihr Schwert als Pfand für ein Wiedersehen mit sich nehmend. Johanna sinkt ohnmächtig nieder. Zu Beginn des 4. Aktes versucht sie sich in einem langen Monolog klar darüber zu werden, was mit ihr

geschehen ist. Sie weiß nun, daß sie Lionel liebt und damit ihr Gelübde gebrochen hat. Diese Erkenntnis überschattet für sie die folgenden Krönungsfeierlichkeiten, die ihr Triumph sein sollten und zu denen das Volk, auch ihr Vater und ihre Schwestern, aus nah und fern herbeigekommen sind. »Bleich und wie verstört« geht sie im Krönungszug mit, und als die Orgel in der Kathedrale einsetzt, stürzt sie aus der Kirche. Als der König sie zur Heiligen erheben will, klagt ihr eigener Vater sie in aller Öffentlichkeit an, mit dem Teufel im Bunde zu sein. Sie läßt alles stumm über sich ergehen. Einsetzender Donner scheint die Anklage zu bestätigen, sie wird vom Hofe ausgestoßen. Ihre Verbannung gibt den Engländern wieder Auftrieb, sie beginnen den Kampf erneut, und Johanna gerät als »Hexe von Orleans« in die Hände der Königin Isabeau, die sie vor Lionel führt. Er will sie schützen, wenn sie sich seiner Liebe ergibt. Aber sie widersteht seinen Worten und den eigenen Empfindungen und sagt sich von ihm los. In Ketten kommt sie in einen Turm. Als sie von der großen Schlacht hört, betet sie um die Lösung der Fesseln. Sie kann durch ein Wunder die Ketten zerreißen, stürzt sich in den Kampf, führt den Sieg herbei – und fällt. Sterbend sieht sie in einer Vision die Gottesmutter: »Seht ihr den Regenbogen in der Luft? / Der Himmel öffnet seine goldnen Tore, / Im Chor der Engel steht sie glänzend da, / Sie hält den ewgen Sohn an ihrer Brust, / Die Arme streckt sie lächelnd mir entgegen« (V,14).

Geht man vom Schluß aus, so hat Schiller mit diesem Stück nur kurze Zeit nach *Wallenstein* und *Maria Stuart* nichts weniger als eine Absage an das Geschichtsdrama vorgelegt. Die historische Johanna endete am 30. Mai 1431 als Ketzerin auf dem Scheiterhaufen in Rouen. Also keine Verherrlichung, keine Größe im Sieg, im Gegenteil ein schmählicher Verbrechertod.

Obgleich das Stück zunächst großen Erfolg hatte, besonders im vorigen Jahrhundert, mehrten sich doch bald die Vorwürfe der Geschichtsverfälschung, der gefühligen und

opernhaften Darstellung. Heute ist das Stück selten auf der Bühne zu sehen, die Möglichkeit, das zu erkennen, was Schiller gewollt hat, ist außerordentlich gering, denn es bleibt »ein schwerverständliches, rätselhaftes Stück«.[46] Hans Mayer hat 1953 die Kritik der DDR-Germanistik zusammengefaßt, doch dürfte dieses Urteil heute durchaus breite Zustimmung finden: »Die Schwächen der Dichtung liegen auf der Hand: Geistererscheinungen, spukhafte Elemente, Abkehr von der historischen Konkretheit, überhaupt all jene Bestandteile, die Schiller veranlaßten, das Werk eine romantische Tragödie zu nennen, erschweren den Heutigen den Zugang zu dieser großen Freiheitsdichtung.«[47]
Und wenn ein angesehener Literatur- und Theaterkritiker seine Rezension[48] der Inszenierung des Stücks am Mannheimer Nationaltheater 1980 mit der Frage: »Ist Schiller nur noch zum Lachen?« überschrieben hat, so zeigt sich auch darin etwas von der heutigen Sichtweise und der daraus resultierenden Hilflosigkeit der Theaterpraktiker gegenüber diesem Stück.
Bis zu ihrer Begegnung mit Lionel ist Johanna göttliches Werkzeug. Sie ist sich dessen zwar bewußt, dennoch hat sie fast unbewußt gehandelt und ihre Siege errungen, denn ihr »Sendungsbewußtsein beruht auf der Unkenntnis ihrer selbst«.[49] Erst nach der Begegnung mit Lionel beginnt ihre Persönlichkeitsentwicklung. Die vorausgehende Erscheinung mit dem schwarzen Ritter ist wie die Begegnung mit der dunklen Versucherseite in ihr, die diese Wende ankündigt. Als sie ihn nach seinem Namen fragt, erwidert er mit der Frage: »Schweigt dir die Stimme des Prophetengeistes?« Ihre Antwort: »Sie redet laut in meiner tiefsten Brust, / Daß mir das Unglück an der Seite steht« (III,9). Der

46 Koopmann (Anm. 34), S. 118.
47 Wolfgang Freese / Ulrich Karthaus, *Erläuterungen und Dokumente, »Die Jungfrau von Orleans«*, Stuttgart 1984, S. 113.
48 Rudolf Krämer-Badoni in: *DIE WELT* vom 27. Februar 1980.
49 Wolfgang Binder, »Die Begriffe ›naiv‹ und ›sentimentalisch‹ und Schillers Drama«, in: *Jahrbuch der Deutschen Schillergesellschaft* 4 (1960) S. 151.

schwarze Ritter zweifelt also an dem Vorhandensein eben der Eigenschaft, die ihr vorher so selbstverständlich zu Verfügung stand. Und sie ahnt die Folgen dieser Begegnung: Unglück.
Der wache Blick auf Lionels Gesicht schlägt wie ein Blitz ein und läßt sie wie gelähmt innehalten. Sie nimmt seine Schönheit wahr, wird von plötzlicher Zuneigung ergriffen, hat aber im gleichen Augenblick die Empfindung von tiefer Schuld. »Das Aufbrechen des Gegensatzes von natürlich-sinnlicher und sittlicher Natur bedeutet Johannas Wahrnehmen ihrer eigenen Person.«[50] Sie erlebt sich von da an als Ich, steht sich gegenüber, erlebt diesen neuen Zustand als schmerzvoll und entsprechend ihrer religiösen Grundhaltung als Abfall von ihrem Gelübde. Sie fühlt Schuld. In dem großen Monolog zu Beginn des 4. Aktes reflektiert sie mit erstaunlicher Klarheit diese Veränderung in sich. Der Monolog ist strophisch gegliedert; in den ersten beiden Strophen spricht sie von der neuen Zeit in Frankreich und von der frohen Gestimmtheit der Menschen angesichts der Krönung, um dann mit einem schmerzlichen »doch« den Blick auf ihr eigenes Inneres zu wenden: »Mir ist das Herz verwandelt und gewendet, / [...] Wer? Ich? Ich eines Mannes Bild / In meinem reinen Busen tragen? / [...] Sollt ich ihn töten? Konnt ichs, da ich ihm / Ins Auge sah? Ihn töten! Eher hätt ich / Den Mordstahl auf die eigne Brust gezückt!« Und als Musik erklingt, überwältigt sie das Gefühl gänzlich, und »sie versinkt in eine stille Wehmut«, aus der heraus sie das bisher Geschehene zurückdrehen und in das unschuldige Arkadien ihrer Hirtenexistenz zurückkehren möchte. Fast anklagend ruft sie: »Frommer Stab! O hätt ich nimmer / Mit dem Schwerte dich vertauscht! / Hätt es nie in deinen Zweigen, / Heilge Eiche! mir gerauscht! / Wärst du nimmer mir erschienen, / Hohe Himmelskönigin! / Nimm, ich kann sie nicht verdienen, / Deine Krone, nimm

50 Gerhard Sauder, »*Die Jungfrau von Orleans*«, in: *Interpretationen: Schillers Dramen* (Anm. 26), S. 374.

sie hin! [. . .]« Danach versucht sie wirklich ›heimzukehren‹, sie sucht in Reims Anschluß an ihre dort zur Krönung weilenden Schwestern, mit dem gleichen Sehnsuchtsruf nach dem verlorenen Paradies: »Da ich die Herde trieb auf unsern Höhen, / Da war ich glücklich wie im Paradies – / Kann ichs nicht wieder sein, nicht wieder werden!« (IV,9). Verzweifelt sucht sie nach Fluchtwegen aus der sie bedrängenden Begegnung mit sich selbst, aus der Ahnung, vom Objekt eines Auftrags zum Subjekt selbstverantworteten Handelns geworden zu sein. Sie möchte sich einreden, daß alles Bisherige nur ein Traum gewesen sei und sie sich in ihrem Dorf Domremy befinde. Doch dieser Weg zurück ist verschlossen, statt dessen wird sie vom eigenen Vater als Hexe denunziert und verfällt schließlich der Verbannung vom Königshof. Selbsterkenntnis, Freiheit, Einsamkeit, dieses Dreigestirn begleitet sie jetzt.

Schiller hat den Weg des Menschen in der Geschichte als Weg von Arkadien nach Elysium beschrieben und in seiner Abhandlung *Über naive und sentimentalische Dichtung* die Aufgabe des sentimentalischen, des modernen Dichters folgendermaßen umrissen: »Er führe uns nicht rückwärts in unsre Kindheit, um uns mit den kostbarsten Erwerbungen des Verstandes eine Ruhe erkaufen zu lassen, die nicht länger dauern kann als der Schlaf unsrer Geisteskräfte; sondern führe uns vorwärts zu unsrer Mündigkeit, um uns die höhere Harmonie zu empfinden zu geben, die den Kämpfer belohnet, die den Überwinder beglückt. Er mache sich die Aufgabe einer Idylle, welche jene Hirtenunschuld auch in Subjekten der Kultur und unter allen Bedingungen des rüstigsten feurigsten Lebens, des ausgebreitetsten Denkens, der raffiniertesten Kunst, der höchsten gesellschaftlichen Verfeinerung ausführt, welche, mit einem Wort, den Menschen, der nun einmal nicht mehr nach *Arkadien* zurückkann, bis nach *Elysium* führt« (SW 5,750).

Johanna stammt aus Arkadien, aus dem seligen Hirtenland der Griechen, in der Mensch und Natur noch eins waren,

und wird in das Land der Erkenntnis und damit in die Mündigkeit verstoßen. Wie kann sie nach Elysium kommen? Sie ist eine Kämpferin in mehrfachem Sinne. Zunächst für die Freiheit ihres Landes, dann kämpft sie um die Kraft, sich und ihr plötzliches Anderssein anzunehmen bzw. ihre Neigung mit ihrer Aufgabe zu versöhnen. Und in dem letzten Kampf, den sie nach ihrem Sieg über sich selbst im Vergleich zu den früheren Kämpfen mit dem Schwert bewußt führt, ist sie verwundbar und sterblich geworden. Schiller hat sich statt für den Scheiterhaufen, Zeichen des Triumphes der Gegenkräfte des göttlichen Auftrags, für den verklärenden Tod im Kampf entschieden.
Werfen wir zum Abschluß noch einmal einen Blick auf Schillers Gedicht *Das Mädchen von Orleans*. Dort heißt es in der zweiten Strophe: »Doch, wie du selbst, aus kindlichem Geschlechte, / Selbst eine fromme Schäferin wie du, / Reicht dir die Dichtkunst ihre Götterrechte, / Schwingt sich mit dir den ewgen Sternen zu, / Mit einer Glorie hat sie dich umgeben, / Dich schuf das Herz, du wirst unsterblich leben.«
Der Dichter wendet sich Johanna zu und spricht von der kindlichen und frommen Dichtkunst, die er mit einer Schäferin vergleicht. Diese kindliche und fromme Schäferin ist die arkadische Dichtkunst, jene, die Schiller in seiner großen Abhandlung die naive genannt hat. Indem sie sich aber aufschwingt nach Elysium, wird sie zur sentimentalischen und schenkt dem Hirtenmädchen, das sich selbst gefunden hat, ihre Götterrechte, nämlich im Elysium zu leben. Sie führt das verwandelte Hirtenmädchen den »ewgen Sternen« zu. Die Dichtkunst steht hier gegen die Geschichte und die Realität. Das zeigt sich auch in der Vielfalt der sprachlich-rhythmischen Formen, im lyrischen Charakter des Stücks. Das jambische Versmaß wechselt mit Anapästen, und in den fünffüßigen Blankvers sind längere und kürzere Verse eingestreut; es gibt gereimte jambische und trochäische Strophen, auch die feierliche Strophenform der Stanze findet sich. In der Montgomery-Szene (II,7) hat Schiller sogar

den antiken Trimeter, den Dramenvers der Griechen, verwendet.
Daß das Drama mit dem Wort »Freude« ausklingt, die Schiller in seiner Hymne als Tochter aus Elysium bezeichnet, ist bemerkenswert. Doch ist es eine neue Art von Freude, keine geschenkte, sondern eine ›erworbene‹.
Dieses Stück wurde als ›Läuterungsdrama‹ bezeichnet. Man könnte in ihm auch einen Menschwerdungsprozeß von Arkadien nach Elysium sehen; am Ende des Weges dorthin steht hier der freudig angenommene Tod.

Wilhelm Tell. Schauspiel in 5 Aufzügen. Verse. Beginn der Arbeit Anfang 1802, Abschluß Februar 1804. 17. März 1804 Uraufführung in Weimar. Erstausgabe Tübingen 1804.
Das Stück spielt im 14. Jahrhundert in der Schweiz. Die erste Szene ist in die idyllische Landschaft des Vierwaldstätter Sees eingebettet, in der der friedliche Hirte, der Fischer und der Jäger über den aufziehenden Sturm sprechen. Da bricht in diese Idylle neben dem Sturm die harte politische Wirklichkeit ein, die zum Handeln herausfordert. Die Vögte der habsburgischen Kaiser knechten seit langem die Bevölkerung der schweizerischen Waldstätten, die zu ihrer eigenen Unterdrückung die Zwingburgen der Besatzer bauen müssen. Jede Form der Auflehnung wird hart bestraft. Dabei gestatten sich die fremden Unterdrücker jede Laune gegenüber der Bevölkerung. Konrad Baumgarten aus Unterwalden hat den Vogt Wolfenschieß, der seine Frau vergewaltigen wollte, mit der Axt erschlagen und ist auf der Flucht vor seinen Verfolgern: »Eilt, eilt, sie sind mir dicht schon an den Fersen! / Des Landvogts Reiter kommen hinter mir, / Ich bin ein Mann des Tods, wenn sie mich greifen« (I,1). Der Fischer weigert sich, angesichts des aufziehenden schweren Sturms über den See zu fahren. Da setzt ihn der hinzukommende Tell anstelle des zaudernden Fischers nach Schwyz über und rettet ihn. Die Reiter des Landvogts rä-

chen sich in der üblichen Weise an den Zurückgebliebenen: »Ihr sollt uns büßen – Fallt in ihre Herde! / Die Hütte reißet ein, brennt und schlagt nieder!« Tell bringt Baumgarten bei seinem Freund Stauffacher in Sicherheit. Während in Altdorf die Zwingfeste Uri unter brutalen Bedingungen gebaut wird, richten Knechte des Landvogts Geßler auf einem Platz eine Stange mit einem Hut auf, als Zeichen für die kaiserliche Majestät. Jeder, der vorbeigeht, muß diesem Hut mit entblößtem Kopf und gebeugtem Knie seine Ehrerbietung erweisen. Tell und Stauffacher kommen hinzu. Stauffacher möchte Tell für die Sache des Aufstands gewinnen, doch Tell weigert sich, nicht ohne einzuräumen: »Doch *was* ihr tut, laßt mich aus eurem *Rat*, / Ich kann nicht lange prüfen oder wählen, / Bedürft ihr meiner zu bestimmter *Tat*, / Dann ruft den Tell, es soll an mir nicht fehlen« (I,3).
Im Hause von Walter Fürst in Uri, dem Schwiegervater Tells, treffen sich Stauffacher und Melchthal, der aus Unterwalden geflüchtet ist, weil er einen Knecht des Vogts erschlagen hat, der ihm das letzte Paar Ochsen vom Pflug wegholen wollte. Als Stauffacher berichtet, daß daraufhin in einem Racheakt der Vater Melchthals von Knechten des Landenberger Vogts geblendet worden ist, schwören die drei als Vertreter der Kantone Schwyz, Uri und Unterwalden ein Treuegelöbnis: »So wollen wir *drei Länder* auch, zu Schutz / Und Trutz, zusammenstehn auf Tod und Leben« (I,4) und beschließen damit den Freiheitskampf gegen die Habsburger. Freiherr von Attinghausen, der den Landadel vertritt, unterstützt die Aufstandspläne und versucht seinen Neffen Rudenz abzuhalten, nach Altdorf zur habsburgischen Burg zu reiten, doch den treibt der Ehrgeiz und vor allem die Liebe zur schönen und reichen Bertha von Bruneck: »Verbirg dich, wie du willst. Das Fräulein ists, / [...] die zur Herrenburg / Dich zieht, dich fesselt an des Kaisers Dienst. / Das Ritterfräulein willst du dir erwerben / Mit deinem Abfall von dem Land – Betrüg dich nicht!« (II,1). Doch gerade Bertha wird sich später der Sache des Vol-

kes zuwenden und auch Rudenz seine Aufgabe bewußtmachen.
Die drei Schwurgenossen berufen nun eine Zusammenkunft von Abgesandten der drei Kantone bei Nacht auf dem Rütli ein. Tell ist nicht dabei. Stauffacher spricht von der gemeinsamen Herkunft, von der einst freiwilligen Anerkennung der kaiserlichen Schutzherrschaft und der gegenwärtigen Unterdrückung. Sie sind sich einig, daß es ein Naturrecht auf Widerstand gegen Tyrannen gibt, und beschließen die Vertreibung der Vögte und die Loslösung von Österreich, bekräftigt im Rütlischwur: »Wir wollen sein ein einzig Volk von Brüdern, / In keiner Not uns trennen und Gefahr. / [...] – Wir wollen frei sein, wie die Väter waren, / Eher den Tod, als in der Knechtschaft leben. [...] / – Wir wollen trauen auf den höchsten Gott / Und uns nicht fürchten vor der Macht der Menschen« (II,2).
In Altdorf, wo der Hut der Unterwerfung aufgerichtet worden ist, den das Volk jedoch auf Umwegen umgeht, ergibt sich für Geßler die langersehnte Möglichkeit, Tell zu demütigen und zu strafen. Tell weigert sich, dem Hut Ehrerbietung zu erweisen, wird festgenommen, und als Geßler dazukommt, setzt er als Strafe fest, Tell, der Meisterschütze, solle einen Apfel vom Kopf seines kleinen Sohnes schießen: »Du schießest oder stirbst *mit* deinem Knaben.« Weder Tells eigene Bitte noch die Bitten der Umstehenden, unter ihnen Bertha und Rudenz, können den Grausamen umstimmen, der zynisch sagt: »Du kannst ja alles, Tell, an nichts verzagst du, / Das Steuerruder führst du wie den Bogen, / Dich schreckt kein Sturm, wenn es zu retten gilt, / Jetzt, Retter, hilf dir selbst – du rettest alle!« Tell schießt und trifft den Apfel. Als er von Geßler gefragt wird, warum er einen zweiten Pfeil aus dem Köcher genommen habe, sagt er, nachdem Geßler ihm das Leben zugesichert hat: »Mit diesem zweiten Pfeil durchschoß ich – Euch, / Wenn ich mein liebes Kind getroffen hätte, / Und Eurer – wahrlich! hätt ich nicht gefehlt« (III,3). Nun fürchtet Geßler um

sein Leben und befiehlt, Tell nach Küßnacht in den Kerker zu bringen. Auf der Fahrt über den See bricht ein Sturm los. Tell, dem Geßler in der Not das Steuer anvertraut, steuert das Schiff in Ufernähe, rettet sich durch einen Sprung an Land und stößt das Schiff in den See zurück. Er begibt sich in die hohle Gasse nach Küßnacht, um dort Geßler aufzulauern und ihn zu erschießen. Vor dieser Tat, die das Signal für den allgemeinen Aufstand wird, ›ordnet‹ Tell noch einmal seine Gedanken. Er will sich über die Motive seines Handelns klarwerden. Als Geßler kommt und ihn Tells Pfeil trifft, weiß er sofort, wer der Schütze ist, und Tell gibt sich auch zu erkennen: »Du kennst den Schützen, suche keinen andern! / Frei sind die Hütten, sicher ist die Unschuld / Vor dir, du wirst dem Lande nicht mehr schaden« (IV,3).

Nun bricht der Sturm los, und in kurzer Zeit sind die Vögte vertrieben und die Zwingburgen niedergerissen. Doch ist es nicht blinde Rache, die die Eidgenossen üben. Sogar der Landvogt Landenberg, der Melchthals Vater hat blenden lassen, wird geschont. Melchthal kann sagen: »So stehen wir nun fröhlich auf den Trümmern / Der Tyrannei, und herrlich ists erfüllt, / Was wir im Rütli schwuren« (V,1). Da kommt die Nachricht, daß der Kaiser[51] von seinem Neffen, Herzog Johann von Schwaben, aus egoistischen Gründen ermordet worden sei. Dadurch bleibt der Vergeltungsschlag der Habsburger aus. Der Kaisermörder, Johannes Parricida, kommt jedoch zu Tell und bittet beim ›Tyrannenmörder‹ um Schutz und um Verständnis für seine Tat. Tell weist dieses Ansinnen empört zurück. Er rät ihm, für seine Tat zu büßen und den Papst um Vergebung zu bitten.

Die knappe Schlußszene zeigt das Fest der Freiheit vor Tells Haus; er wird als der Befreier des Landes gefeiert. Die Zukunft des nun freien Landes findet in der Verbindung zwi-

51 Gemeint ist König Albrecht I. (1250–1308); er war ebenso wie sein Vater Rudolf I. nicht zum Kaiser gekrönt worden. Schiller verfährt in der Titelwahl sehr frei.

schen Bertha und Rudenz ihren Ausdruck. Der adlige Rudenz erklärt alle seine Knechte zu freien Schweizern.
Dieses Stück, das häufig auch als Einführung in die Schillersche Dramatik in der Schule dient, wirkt auf den ersten Blick als sein unproblematischstes. »Kein Drama Schillers scheint so geringe Schwierigkeiten der Deutung zu bereiten wie das Spiel vom Befreiungskampf des Schweizer Bauernvolkes und seines bieder-tapferen Helden.«[52]
Zu Anfang des Stückes sehen wir einen tatkräftig handelnden Tell, der den gefährdeten Baumgarten über den sturmgepeitschten See rettet. Das tut er, ohne lange zu fragen oder zu überlegen, hier bedarf es der raschen Tat. Danach zieht er sich wieder zurück, auf eine Weise, die nach dem Vorangegangenen merkwürdig erscheint: »STAUFFACHER. Wo wollt Ihr hin? O eilt nicht so von dannen. / TELL. Mein Haus entbehrt des Vaters. Lebet wohl. / STAUFFACHER. Mir ist das Herz so voll, mit Euch zu reden. / TELL. Das schwere Herz wird nicht durch Worte leicht. / STAUFFACHER. Doch könnten Worte uns zu Taten führen. / TELL. Die einzge Tat ist jetzt Geduld und Schweigen« (I,3). Freilich räumt er ein, daß die Freunde auf ihn zählen könnten.
Der Anfang des Stückes zeigt die Not des Volkes und die verzweifelte Selbsthilfe des einzelnen: Baumgarten erschlägt den Einbrecher in seinen Familienfrieden und seine Ehre, der junge Melchthal tötet den Knecht des Vogts, um sein letztes Eigentum zu schützen. Beide Taten zeigen Spontaneität, sie sind Akte der Notwehr. Die Betroffenheit über den Racheakt des Vogts an Melchthals Vater ist dann der Auslöser für die gemeinsamen Befreiungspläne, die zum Rütlischwur führen, bei dem Tell jedoch nicht dabei ist. Der Rütlischwur nimmt diese Art der spontanen und aus sich heraus berechtigt erscheinenden Selbsthilfe zugunsten eines höheren Rechts wieder zurück. Stauffacher formuliert es so:

52 Fritz Martini, »*Wilhelm Tell*, der ästhetische Staat und der ästhetische Mensch«, in: *Der Deutschunterricht* 12 (1960) H. 2, S. 90.

»Nein, eine Grenze hat Tyrannenmacht, / Wenn der Gedrückte nirgends Recht kann finden, / Wenn unerträglich wird die Last – greift er / Hinauf getrosten Mutes in den Himmel / Und holt herunter seine ewgen Rechte, / Die droben hangen unveräußerlich / Und unzerbrechlich wie die Sterne selbst – / Der alte Urstand der Natur kehrt wieder, / Wo Mensch dem Menschen gegenübersteht – / Zum letzten Mittel, wenn kein andres mehr / Verfangen will, ist ihm das Schwert gegeben – / Der Güter höchstes dürfen wir verteidgen / Gegen Gewalt – [...].« Notwehrhandlungen wie die Baumgartens und Melchthals werden nach dem Schwur ausdrücklich als unvereinbar mit dem gemeinsamen Ziel bezeichnet: »Bezähme jeder die gerechte Wut, / Und spare für das Ganze seine Rache, / Denn Raub begeht am allgemeinen Gut, / Wer selbst sich hilft in seiner eignen Sache« (III,1).

Wie verhält sich dazu nun Tells Todesschuß auf Geßler? Tell wird in der »Apfelschußszene« (III,3) »zur Strafe« gezwungen, das eigene Kind in Todesgefahr zu bringen. Dieser Zwang ist ein schwerer Eingriff Geßlers in Tells Persönlichkeit, eine Vergewaltigung seiner inneren Freiheit. Und Geßler kennt Tell so weit, daß er weiß, wie sehr er ihn dadurch trifft, und er genießt sich in diesem Bewußtsein. So ist sein Befehl also ein Äußerstes an Bösartigkeit, dessen Vollzug er grausam ironisch erläutert: »Und sieh, ich lege gnädig dein Geschick / In deine eigne kunstgeübte Hand. / Der kann nicht klagen über harten Spruch, / Den man zum Meister seines Schicksals macht.« Hätte Tell nicht geschossen, hätte Geßler Vater und Kind getötet. Im Vertrauen auf sich, ermutigt durch das unschuldige Kind, entscheidet er sich für den Schuß und gewinnt das Leben. Der Tod des Kindes hätte freilich mit dem zweiten Pfeil den Tod des Tyrannen bedeutet. Dennoch entscheidet er sich nicht gleich für einen solchen Akt der Notwehr. Moralisch ist er der Sieger.

Das Haupt des Kindes ist gerettet, und der sterbende At-

Friedrich Schiller.
Kreidezeichnung von Johann Gottfried Schadow, 1804

tinghausen legt später seine Hände auf dieses Kinderhaupt und sagt prophezeiend: »Aus diesem Haupte, wo der Apfel lag, / Wird euch die neue beßre Freiheit grünen, / Das Alte stürzt, es ändert sich die Zeit, / Und neues Leben blüht aus den Ruinen« (IV,2).

Hier ist ein Schlüssel zum Verständnis des Stückes. In seiner Abhandlung *Über naive und sentimentalische Dichtung* spricht Schiller über das Kind und dessen Bedeutung in seinem Menschenbild: »In dem Kinde ist die Anlage und Bestimmung, in uns ist die Erfüllung dargestellt, welche immer unendlich weit hinter jener zurückbleibt. Das Kind ist uns daher eine Vergegenwärtigung des Ideals, nicht zwar des erfüllten, aber des aufgegebenen, und es ist also keineswegs die Vorstellung seiner Bedürftigkeit und Schranken, es ist ganz im Gegenteil die Vorstellung seiner reinen und freien Kraft, seiner Integrität, seiner Unendlichkeit, was uns rührt. Dem Menschen von Sittlichkeit und Empfindung wird ein Kind deswegen ein heiliger Gegenstand sein, ein Gegenstand nämlich, der durch die Größe einer Idee jede Größe der Erfahrung vernichtet; und der, was er auch in der Beurteilung des Verstandes verlieren mag, in der Beurteilung der Vernunft wieder in reichem Maße gewinnt« (SW 5,697).

Geßler hat sich an dem Kind versündigt, Tell hat das Wagnis unternommen, dem Kind, unter der Gefahr, ihm das Leben zu nehmen, es ihm zugleich zu erhalten. Im Bilde hat er damit etwas ungemein Bedeutsames getan, nämlich das, was der alte Attinghausen später ausgesprochen hat: er hat die Zukunft dieses arkadisch anmutenden Landes erhalten. Dieses Kind, das im Vertrauen auf seinen Vater dem Tod ins Auge geschaut hat, ist geradezu eine Inkarnation der Furchtlosigkeit und des Vertrauens. Er ist wie der Same eines künftigen sozialen Zusammenlebens, und er sagt, als die Mutter den Vater als den Retter des Landes ankündigt, etwas altklug: »Und ich bin auch dabei gewesen, Mutter! / Mich muß man auch mit nennen. Vaters Pfeil / Ging mir am Leben hart vorbei, und ich / Hab nicht gezittert« (V,2).

Und weil Geßler diese Sünde wider die Zukunft begangen hat, fühlt sich Tell zu dem Todesschuß in der hohlen Gasse von Küßnacht zutiefst berechtigt.

Dennoch hat es Schiller offenbar für notwendig angesehen, Tell in dem langen Monolog in IV,3 noch einmal eine Rechtfertigung geben zu lassen, freilich auf einer anderen Ebene. In der hohlen Gasse von Küßnacht tritt er aus dem Zwang des Handelns für einen Augenblick heraus und geht in sich; er geht mit sich sorgsam zu Rate und gewinnt Distanz zum Handeln, das zeigt sich auch in der Form, in der er von sich zu seinen beiden nicht anwesenden Söhnen spricht: »Und doch an *euch* nur denkt er, lieben Kinder, / Auch jetzt – euch zu verteidgen, eure holde Unschuld / Zu schützen vor der Rache des Tyrannen [...].« Er spricht von den Kindern, für die er gehandelt hat.

Und noch einmal läßt Schiller seinen Helden sich rechtfertigen, so als ob es nicht deutlich genug sei, daß er mit keiner Form des Mordes zu tun hat und daß er durch seine Tat etwas sehr Kostbares zu bewahren gesucht hat. Als Herzog Johann von Schwaben, der den Kaiser ermordet hat, und von Schiller als Parricida, als Vatermörder bezeichnet wird, bei Tell Beistand und Unterschlupf sucht,[53] weist dieser ihn empört von sich: »Darfst du der Ehrsucht blutge Schuld vermengen / Mit der gerechten Notwehr eines Vaters? / Hast du der Kinder liebes Haupt verteidigt? / Des Herdes Heiligtum beschützt? [...] / Nichts teil ich mit dir – Gemordet / Hast *du*, ich hab mein Teuerstes verteidigt« (V,2). Hier spricht er, wie Attinghausen, vom Haupt der Kinder. Das Kind ist also das Bild des künftigen Staates, das der Führung und des Schutzes des Erwachsenen bedarf, um in der Zukunft Träger des Ideals der Freiheit zu sein. »Das

53 Schiller hat sich trotz verschiedener Vorwürfe, daß diese Szene überflüssig sei, nicht beirren lassen, sie beizubehalten.

Kind ist uns daher eine Vergegenwärtigung des Ideals, nicht zwar des erfüllten, aber des aufgegebenen« (SW 5,697).
Daß ein Eheversprechen, und das bedeutet Elternschaft, und ein Freiheitsversprechen den Schluß des Stückes bilden, ist ein weiteres Zeichen für diesen Zukunftsaspekt.
So ist das Ganze doch wohl etwas mehr als die Befreiungstat eines biederen Mannes.

3. Erzählende Prosa

Der Verbrecher aus verlorener Ehre. Eine wahre Geschichte. In der Leipziger und Dresdner Zeit hat Schiller sich auch als Erzähler versucht. Wahrscheinlich im Jahre 1785[54] arbeitete er an einer Erzählung, die 1786 in seiner Zeitschrift *Thalia* anonym unter dem Titel *Verbrecher aus Infamie, eine wahre Geschichte* erschien. 1792 veröffentlichte er dann eine zweite Ausgabe der Erzählung in seinen *Kleineren prosaischen Schriften* als *Verbrecher aus verlorener Ehre. Eine wahre Geschichte.* Schiller stellt der eigentlichen Erzählung eine Einleitung voran, in der er sich über das mögliche Interesse des Lesers an dieser Geschichte äußert: »In der ganzen Geschichte des Menschen ist kein Kapitel unterrichtender für Herz und Geist als die Annalen seiner Verirrungen.« Unter diesem Satz könnten auch seine beiden Jugenddramen *Die Räuber* und *Kabale und Liebe* stehen, sind sie doch dramatische Studien über Verirrungen des Menschen, die in die Katastrophe führen. Das zu zeigen, ist aber zu wenig, viel wichtiger erscheint Schiller etwas anderes. Der Leser müsse mit dem Menschen »bekannt werden, eh er handelt«: »An seinen Gedanken liegt uns unendlich mehr als an seinen Taten, und noch weit mehr an den Quellen seiner Gedanken als an den Folgen jener

54 Aus einem Brief Schillers an den Verleger Göschen vom 29. November 1785 geht hervor, daß er an diesem Tag das Manuskript abgeschickt hat.

Taten« (SW 5,15). Ebendas versucht er in der Erzählung der Lebensgeschichte des Räubers Friedrich Schwan (1729–60), dem er den Namen Christian Wolf gibt. Wie in den *Räubern* endet die Geschichte damit, daß Wolf sich dem Gericht stellt.

Die Erzählung ist so aufgebaut, daß Schiller nach und nach die Zusammenhänge aufdeckt, die Wolf letztlich zum Verbrecher haben werden lassen. Der Mediziner Schiller geht dabei kühl sezierend vor, getreu seinem Vorsatz aus der Einleitung, das Herz des Lesers nicht durch eine hinreißende Erzählung »zu bestechen«. Er nimmt, wie er selbst sagt, eine »Leichenöffnung seines [Wolfs] Lasters« (SW 5,15) vor.

Christian Wolf wächst als Sohn eines Gastwirts in einer Landstadt auf. Der Vater ist früh gestorben, und er muß der Mutter in der kümmerlichen Wirtschaft helfen. Sein Äußeres ist, ähnlich wie bei Franz Moor, unansehnlich, ja häßlich. Er wird von seinen Kameraden oft gehänselt, jedoch wegen seines Einfallsreichtums bei Streichen auch geschätzt. Er will aber etwas gelten, besonders bei den Mädchen, und so beschließt er, sich diese Geltung auf andere Weise zu verschaffen. Das Mädchen, das er liebt, ohne freilich auf Gegenliebe zu stoßen, versucht er sich durch Geschenke geneigt zu machen. Das Geld für solche Geschenke erwirbt er sich, indem er in den Wäldern des Landesherrn als Wilddieb räubert. Robert, einer der Liebhaber seiner angebeteten Johanne, ist Jägerbursche des herrschaftlichen Försters. Seinen von Eifersucht geschärften Augen fällt die Freigebigkeit Christians auf, und er findet die Quelle des Geldes. Da auf Wilddiebstahl im Lande Zuchthaus steht, sucht er mit allen Mitteln, seinen Nebenbuhler zu überführen. Es gelingt ihm, ihn auf frischer Tat zu stellen, doch Christian kann sich durch eine Geldbuße freikaufen. Damit ist aber ein Makel auf ihn gefallen, und er sinnt, durch Eifersucht noch bestärkt, auf Rache. Als er noch einmal wegen des gleichen Delikts festgenommen wird, trifft ihn die ganze Härte des

Gesetzes, und er kommt für ein Jahr in der Residenzstadt ins Zuchthaus. Wieder in Freiheit, kehrt er zurück, immer noch voll Zuneigung zu Johanne. Nun wird er überall abgelehnt, er macht einen letzten Versuch, sich durch ehrliche Arbeit zu ernähren. Doch niemand will ihn, sogar das Amt des Schweinehirten verweigert man ihm. Er wird rückfällig, sein Nebenbuhler stellt ihn ein drittes Mal, und nun trifft das Gesetz mit einer exemplarischen Strafe: drei Jahre Festung, und das Zeichen des Galgens wird ihm auf den Rükken gebrannt. Als er wieder freikommt, fängt ein neuer Abschnitt seines Lebens an.

An dieser Stelle läßt Schiller seinen Erzähler, der bis dahin nüchtern wie ein Berichterstatter aufgetreten ist und sehr knapp und gerafft erzählt hat, die Perspektive wechseln. Nun erzählt Christian Wolf selbst, und zwar gibt der Erzähler vor, er gebe das wieder, was Christian während der Gerichtsverhandlung, die schließlich zu seiner Hinrichtung führt, einem Geistlichen über sein »Verbrecherdasein« erzählt hat. Diese ›Lebensbeichte‹ beginnt mit dem Satz: »›Ich betrat die Festung [...] als ein Verirrter und verließ sie als ein Lotterbube‹« (SW 5,18). In seinem Bericht über die Situation in der Festung wird ein Problem angesprochen, das auch heute noch Sozialarbeitern und Bewährungshelfern Schwierigkeiten bereitet: die Kriminalität zeugende Atmosphäre von Gefängnissen. So ist es nicht verwunderlich, wenn als Ergebnis der drei Jahre der Schwur steht: »Damals gelobte ich unversöhnlichen glühenden Haß allem was dem Menschen gleicht, und was ich gelobte, hab ich redlich gehalten« (SW 5,19).

Als Christian Wolf in seinen Heimatort zurückkehrt, ist die Mutter tot, das kleine Haus von den Gläubigern genommen und die Ablehnung der Bewohner so stark, daß er, nachdem er auch noch seine Hanne als heruntergekommene Soldatendirne wiedergetroffen hat, das Gefühl hat, nichts mehr verlieren zu können. Er wendet sich wieder der Wilderei zu, dieses Mal mit der erklärten Absicht, dem Landesherrn so viel wie möglich zu schaden und gleichzeitig das Gesetz zu verhöhnen. Als er eines Tages seinem alten Rivalen Robert begegnet, der, ohne ihn zu bemerken, eben auf einen Hirsch anschlägt, den auch er haben möchte, da erfaßt ihn ein seltsames Gefühl. Indem der Erzähler den Erlebenden sprechen läßt, der dieses Gefühl sehr differenziert schildert, gewinnt er die Möglichkeit, seiner Erzählung seelische Tiefe und Spannung zu geben: »Eine tödliche Kälte fährt bei diesem Anblick durch meine Gebeine. Just das war der Mensch, den ich unter allen lebendigen Dingen am gräßlichsten haßte, und dieser Mensch war in die Gewalt meiner Kugel gegeben. In diesem Augenblick dünkte michs, als ob die ganze Welt in meinem Flintenschuß läge und der Haß meines ganzen Lebens in die einzige Fingerspitze sich zusammendrängte, womit ich den mördrischen Druck tun sollte. Eine unsichtbare fürchterliche Hand schwebte über mir, der Stundenweiser meines Schicksals zeigte unwiderruflich auf diese schwarze Minute. Der Arm zitterte mir, da ich meiner Flinte die schreckliche Wahl erlaubte – meine Zähne schlugen zusammen wie im Fieberfrost, und der Odem sperrte sich erstickend in meiner Lunge. Eine Minute lang blieb der Lauf meiner Flinte ungewiß zwischen dem Menschen und dem Hirsch mitten inne schwanken – eine Minute – und noch eine – und wieder eine. Rache und Gewissen rangen hartnäckig und zweifelhaft, aber die Rache gewanns, und der Jäger lag tot am Boden« (SW 5,21 f.). Das ist der Wendepunkt der Erzählung.

Die Erkenntnis, ein Mörder zu sein, ist für ihn kaum zu fassen: »Ich begriff gar nicht, wie ich zu dieser Mordtat gekommen war« (SW 5,22). Als sich Fuhrleute nähern, ergreift er die Flucht, um an die Grenze des Landes zu kommen. Während der sechs Tage seiner Flucht wird er »gepreßt von Qualen, wovon noch kein lebendiger Mensch zu erzählen weiß« (ebenda). In diesem Zustand trifft er auf einen furchteinflößenden Wegelagerer. Im Gespräch mit ihm gibt er sich als der Sonnenwirt zu erkennen, worauf dieser

Schiller auf einem Esel.
Nach einer mit Tusche lavierten Zeichnung
von Johann Christian Reinhardt, 1787

ihn begeistert begrüßt: »›Willkommen, Kamerad! Willkommen!‹ rief er und schüttelte mir kräfig die Hände. ›Das ist brav, daß ich dich endlich habe, Sonnenwirt. Jahr und Tag schon sinn ich darauf, dich zu kriegen. Ich kenne dich recht gut. Ich weiß um alles. Ich habe lange auf dich gerechnet‹« (SW 5,25). Der Leser gewinnt durch die Schilderung dieser Gestalt den Eindruck, als ob es der Böse selbst sei, der sich freut, ihn nun zu haben. Er führt ihn in das Lager einer Räuberbande. Daß er von ihr begeistert aufgenommen wird, macht ihn stolz, endlich einmal anerkannt zu sein, und er willigt ein, ihr Führer zu werden. Als Preis dafür verlangt er die zur Bande gehörende Marie – und ohne Einwand erhält er sie auch. Noch ein Erfolg nach den kümmerlichen und gescheiterten Versuchen, die Gunst einer Frau zu erlangen.

Hier bricht der Erzähler den Bericht Christian Wolfs ab und schaltet sich mit einem Kommentar selbst wieder ein: »Den folgenden Teil der Geschichte übergehe ich ganz, das bloß Abscheuliche hat nichts Unterrichtendes für den Leser. Ein Unglücklicher, der bis zu dieser Tiefe heruntersank, mußte sich endlich alles erlauben, was die Menschheit empört – aber einen zweiten Mord beging er nicht mehr, wie er selbst auf der Folter bezeugte« (SW 5,28 f.). Die weiteren Ereignisse faßt der Erzähler wieder zusammen. Etwa ein Jahr lang treibt Christian Wolf als Räuber sein Unwesen. Dann sieht er die Bande in einem sehr realistischen Licht, bis dahin, daß er keinen Zweifel daran hat, irgendeiner seiner Genossen würde sich die Belohnung, die auf ihn ausgesetzt worden ist, verdienen wollen. Er lebt in dauernder Angst, und der Haß, den er einst gegen die Menschen gehegt hat, wendet sich nun gegen ihn selbst. Schließlich versucht er in einer Bittschrift, die der Erzähler, um wieder näher an seinen Helden heranzukommen, zitiert, die Gnade seines Landesherrn zu finden und seine Verbrechen zu erklären: »Doch an etwas darf ich meinen Richter erinnern. Die Zeitrechnung meiner Verbrechen fängt mit dem Urteilspruch an, der mich auf immer um meine Ehre brachte. Wäre mir damals die Billigkeit minder versagt worden, so würde ich jetzt vielleicht keiner Gnade bedürfen« (SW 5,31). Er erhält keine Antwort, und auch zwei weitere Bittschriften bleiben erfolglos. Er beschließt endgültig, das Land zu verlassen. Bei der Durchreise durch eine Stadt erweckt er beim Torwächter Verdacht, gerät in Panik und wird nach einem gescheiterten Fluchtversuch festgenommen und nach einem ersten Verhör in den Turm gebracht. Am nächsten Tag gibt er sich im Gespräch mit dem Oberamtmann der Stadt, das der Erzähler einfügt und das den Schluß der Erzählung bildet, einen typisch Schillerschen Schluß, zu erkennen: »Schreiben Sie es Ihrem Fürsten, wie Sie mich fanden und daß ich selbst aus freier Wahl mein Verräter war – daß ihm Gott einmal gnädig sein werde, wie er jetzt mir es sein wird – bitten Sie für mich, alter Mann, und lassen Sie dann auf Ihren Bericht eine Träne fallen: Ich bin der Sonnenwirt« (SW 5,35). Schiller vermeidet es, einen reuigen Verbrecher auf dem Schafott zu zeigen. Ihm genügt das Geständnis, der berüchtigte, vielgesuchte Verbrecher zu sein; damit ist die »Leichenöffnung seines Lasters« beendet. Zugleich aber bleibt für den Leser der schon in der Vorrede formulierte Appell, den »grausamen Hohn und die stolze Sicherheit« (SW 5,15) auszurotten, »womit gemeiniglich die ungeprüfte aufrechtstehende Tugend auf die gefallene herunterblickt«. Auch die Frage, ob Christian Wolf Anspruch auf Toleranz gehabt hätte, ob er wirklich ohne Rettung für das Gemeinwesen verloren war, überläßt er dem Leser. Der freilich ahnt am Ende, wo Schiller mit seinem Urteil steht.

Benno von Wiese hat diese auch heute noch lesenswerte Erzählung Schillers in einer eingehenden Analyse untersucht. Seine Ergebnisse faßt er folgendermaßen zusammen: »Schillers Erzählen berichtet eine ›wahre‹ Begebenheit, gibt aber zugleich eine moralische Seelenstudie und zwar so, daß das eine durch das andere verdeutlicht wird. Die Spannung des Erzählens liegt in der Art, wie Vorgang und Auslegung des Vorgangs sich gegenseitig beleuchten, mag es nun der Held oder der Dichter selbst sein, der mit zuschauender, gewollter Kälte die Analyse des Geschehens unternimmt. Im Vorganghaften ist Schiller weitgehend naiv, anschaulich, frei von aller Reflexion; in der Analyse kann er sich oft dem Abstrakten nähern, auch die szenischen Dialog- und Bildwirkungen, das pointiert Anekdotenhafte wird dann dem zusammenfassenden, generalisierenden Urteil unterworfen. [...] Es gilt den Verwicklungen auf die Spur zu kommen, es gilt sie aus den geheimen Windungen des menschlichen Herzens heraus zu beleuchten, zu erklären und zu verstehen. [...] Auf die Spur kommen heißt in letzter Instanz, die Abstraktionen des Gedankens wie bohrende Werkzeuge einsetzen, um zu erfahren, was es mit der Welt und dem Menschen eigentlich auf sich habe, worin der letzte, endgültige Sinn der ständigen dialektischen Entzweiung besteht. Das ist das philosophische Anliegen in Schillers Dichtung. Der Detektiv wird zum geheimen Theologen, der die verborgenen Pläne der Gottheit erraten möchte.«[55]

4. Philosophische Schriften

Schillers gesamtes Werk, und dies gilt besonders für die philosophischen Schriften, ist bestimmt von dem quälenden ›Urerlebnis‹ jenes Zwiespalts im Menschen, ein intelligentes, geistiges Wesen und ein animalisches Wesen zugleich zu sein. Schiller plagt sich denn auch von der Jugend an mit der Frage, wie diese ›feindliche‹ Doppelnatur des Menschen aufgebaut ist und zu versöhnen sei. Dabei faßt er deren Polarität unterschiedlich und mit Akzentverschiebungen in den Begriffspaaren: Natur und Vernunft, Sinnlichkeit und Idee oder Stoff und Form. Er hat einen beträchtlichen Teil

55 Benno von Wiese, *Friedrich Schiller*, Stuttgart 1978, S. 312 f.

seines Lebens einem intensiven Philosophiestudium gewidmet, um diese Fragen zu beantworten. Dabei ging es ihm vor allem auch darum, wissenschaftlich zu klären, was in diesem Zusammenhang Schönheit ist und welche Bedeutung sie für den einzelnen Menschen und für die Gesellschaft hat. Diese Seite des Schillerschen Werkes überbetonend, gibt es innerhalb der Schiller-Forschung eine Richtung, die seine bedeutendste Lebensleistung in seinen philosophischen Schriften sieht.[56]

Über Anmut und Würde. Dieser Essay entstand im Mai/Juni 1793. Schiller hat ihn für seine Zeitschrift *Neue Thalia* geschrieben, in deren Jahrgang 1793 er dann erschien. Er faßt Schillers bisherige Auseinandersetzung mit Kant zusammen und versucht, im Zusammenhang mit jener Doppelnatur des Menschen die Frage zu klären, was Schönheit sei, am Menschen und für den Menschen.

Die Arbeit entstand trotz Krankheit in knapp sechs Wochen, was nur auf Grund der intensiven Beschäftigung mit der Problematik im Briefwechsel mit seinem Freund Körner und den ästhetischen Vorlesungen im Rahmen seiner Lehrtätigkeit an der Universität Jena zu verstehen ist.

Einzelne Grundgedanken in Schillers gesamtem philosophischen Denken reichen z. T. sehr weit zurück, so auch in *Anmut und Würde*. Andererseits weist dieser Essay aber auch voraus auf das philosophisch-ästhetische Hauptwerk *Über die ästhetische Erziehung des Menschen*. Damit läßt sich an ihm besonders deutlich die Kontinuität von Schillers geistiger Entwicklung erkennen.

Zunächst ein Blick zurück: In § 22 seiner Abschlußarbeit *Versuch über den Zusammenhang der tierischen Natur des Menschen mit seiner geistigen* (1780) hat Schiller postuliert, daß jede Empfindung der menschlichen Seele einen besonderen körperlichen Ausdruck habe. »Und zwar ist dies ein

56 Vgl. dazu Melitta Gerhard, *Schiller*, Bern 1950.

bewunderswürdiges Gesetz der Weisheit, daß jeder edle und wohlwollende [Affekt] den Körper *verschönert*, den der niederträchtige und gehässige in *viehische* Formen zerreißt. Je mehr sich der Geist vom Ebenbild der Gottheit entfernet, desto näher scheint auch die äußere Bildung dem Viehe zu kommen, und immer demjenigen am nächsten, das diesen Haupthang mit ihm gemein hat« (SW 5,317).

Solche Postulate klingen heute ungewohnt, da die Verhaltensforschung immer neue enge Beziehungen zwischen Mensch und Tier aufzuzeigen sich bemüht, auch für Bereiche, die bisher dem Menschen vorbehalten schienen. Doch wird deutlich werden, wie diese zunächst undifferenziert und abwertend erscheinende Beschreibung gut zehn Jahre später recht differenziert wird.

Schaut man von *Anmut und Würde* in Schillers philosophischem Denken nach vorne, so zeigt sich in den *Ästhetischen Briefen* die Grundproblematik in den Begriffen *Stoff* und *Form*, und die Versöhnung zwischen den beiden in dem Begriff des *Spiels*, als Ausdruck für die Kunst, die ihrerseits »eine Tochter der Freiheit« ist, zu der der Mensch durch die Schönheit »wandert«. Hinzu kommt, daß Schiller in dieser großen Abhandlung, an deren erster Fassung er zeitgleich mit *Anmut und Würde* arbeitete, seine Überlegungen über die Kunst und Schönheit in einen kritischen staats- und geschichtsphilosophischen Zusammenhang stellt – als Alternative zu den gesellschaftlichen Entartungserscheinungen des Jahrhunderts im allgemeinen und denen der Französischen Revolution, die hier ja eigentlich Abhilfe schaffen wollte, im besonderen.

Anmut gehört zur Schönheit des Menschen. Dennoch ist ›Anmut‹ ein altmodisches, heute fast ausgestorbenes Wort, unter dem man sich nicht ohne weiteres etwas vorstellen kann. In den Lexika finden sich Erklärungen wie: »Liebreiz, Wohlgefälligkeit (der Bewegung), Grazie«[57], was im

57 Gerhard Wahrig, *Deutsches Wörterbuch*, Gütersloh 1968.

Grunde genommen wenig besagt, da auch diese Begriffe kaum gebräuchlich sind.

Schiller geht von der Schönheit des Menschen, des menschlichen Körpers aus, und betrachtet diese zunächst wie einen Naturgegenstand. Sie ist für ihn ein »empirisches Phänomen«. Er bezeichnet diese äußere, sinnlich wahrnehmbare Schönheit als »architektonische Schönheit«; sie ist dem Menschen ohne sein Zutun von Natur aus gegeben: »Ein glückliches Verhältnis der Glieder, fließende Umrisse, ein lieblicher Teint, eine zarte Haut, ein feiner und freier Wuchs, eine wohlklingende Stimme usf. sind Vorzüge, die man bloß der Natur und dem Glück zu verdanken hat« (SW 5,438).

Geht man von der Schönheit des weiblichen Körpers aus – Schiller tut das, indem er den Mythos von der Schönheit und der Anmut der Venus an den Anfang seiner Untersuchung stellt, und er rechtfertigt das auch am Schluß der Untersuchung –, so wäre wohl mit dieser Schönheit das gemeint, was heute gemeinhin ›gutes Aussehen‹ heißt, vielleicht ›Mannequinschönheit‹. Darin erschöpft sich aber nach Schiller die Schönheit des Menschen keinswegs. Es gibt ein bedeutsames ›Mehr‹ an Schönheit, und das ist die Anmut. So ist alle Anmut – Schiller bezeichnet sie auch als Grazie – zwar schön, aber nicht alles Schöne ist anmutig, denn Anmut entsteht zufällig am Menschen, und sie kann demzufolge auch wieder verschwinden. Daher wird sie von Schiller im Unterschied zur naturgegebenen, architektonischen Schönheit als »bewegliche Schönheit« bezeichnet. Sie ist eine Steigerung der Schönheit, die nicht von Natur aus gegeben ist, sondern vom Menschen selbst hervorgebracht wird.[58] Sie ist also nicht *notwendig vorhanden*, sondern *in Freiheit geschaffen*. Was Schiller damit meint, sagt er in einem prägnanten Satz: »Es gibt eine Anmut der Stimme, aber keine Anmut des Atemholens« (SW 5,435). Das Atemholen ist zwar die sinnlich-physische Voraussetzung für die

58 Vgl. SW 5,437.

Stimme, aber deren Zauber ist anderen Ursprungs; Atemholen müssen alle Menschen, es ist eine Notwendigkeit der Gattung, Anmut der Stimme ist freie Schöpfung der Individualität.

Anmut als bewegliche Schönheit ist also geistgeborene Schönheit, sie ist Schönheit des Spiels. Voraussetzung ist jedoch, daß im Menschen Vernunft und Sinnlichkeit, Pflicht und Neigung in einem solchen Verhältnis zueinander stehen, daß die eine ihre Herrschaft geltend macht, ohne daß die andere in ihrer Eigenart und Freiheit irgendwie beeinträchtigt wird. In diesen Gedanken zeigt sich auch Schillers positive Einstellung zur natürlichen, zur sinnlichen Seite des Menschen. Damit entfernt er sich von Kant, denn dieser sieht das sittliche Heil des Menschen in deren Unterdrükkung. Zugleich nähert er sich damit Goethe an, dessen ganzes Bestreben in seinen naturwissenschaftlichen Schriften dahin geht, die Spaltung des Menschen in Natur und Geist zu überwinden.[59]

Natur oder Sinnlichkeit des Menschen ist für Schiller, wie später in den Ästhetischen Briefen, nicht Ziel der Unterdrückung, sondern gerade Grundlage zur sittlichen Vervollkommnung: »Nicht um sie wie eine Last wegzuwerfen oder wie eine grobe Hülle von sich abzustreifen, nein, um sie aufs innigste mit seinem höhern Selbst zu vereinbaren, ist seiner [des Menschen] reinen Geisternatur eine sinnliche beigesellt. Dadurch schon, daß sie ihn zum vernünftig sinnlichen Wesen, d. i. zum Menschen machte, kündigte ihm die Natur die Verpflichtung an, nicht zu trennen, was sie verbunden hat, auch in den reinsten Äußerungen seines göttlichen Teiles den sinnlichen nicht hinter sich zu lassen und

59 Dennoch schreibt Goethe 1817 in seinem Aufsatz *Zur Morphologie*: »Aus freundschaftlicher Neigung gegen mich, vielleicht mehr als aus eigener Überzeugung, behandelte er in den ästhetischen Briefen die gute Mutter [die Natur] nicht mit jenen harten Ausdrücken, die mir den Aufsatz über *Anmut und Würde* so verhaßt gemacht hatten« (*Friedrich Schiller über seine Dichtungen*, S. 550).

den Triumph des einen nicht auf Unterdrückung des andern zu gründen« (SW 5,465).
Den Menschen, der das vermag, nennt Schiller eine »schöne Seele«[60]: Im Herrschaftsbereich der schönen Seele harmonieren Sinnlichkeit und Vernunft, Pflicht und Neigung. Sichtbarer Ausdruck dieser Harmonie ist die Anmut oder, wie Schiller auch sagt, die *Grazie*. Die schöne Seele läßt die Natur also sowohl Freiheit besitzen als auch ihre Form bewahren. Sie verliert ihre Freiheit nicht unter einem strengen Pflichtdenken und behält ihre Form, da die Zügellosigkeit der sinnlichen Triebe sie nicht überwältigt.
»Eine schöne Seele gießt auch über eine Bildung, der es an architektonischer Schönheit mangelt, eine unwiderstehliche Grazie aus, und oft sieht man sie selbst über Gebrechen der Natur triumphieren« (SW 5,468 f.).
Das heißt, diese Art wahrer menschlicher Schönheit – Schiller sieht sie vor allem bei der Frau – kann also auch dem von der Natur benachteiligten Menschen große Anziehungskraft verleihen. Nur so wird verständlich, warum Menschen, die nicht »gut aussehen«, große Ausstrahlung und Anziehungskraft besitzen können. Sie werden durch die Anmut wie von innen »schön«.
Doch auch die schöne Seele ist Affekten ausgesetzt. Bestürmen den Menschen, also auch die schöne Seele, Leiden und Leidenschaften, dann ist es sein Wille, der zur Erringung oder Bewahrung der schönen Seele gegen die Natur den Kampf aufnehmen muß. Dieser Kampf läßt die schöne Seele groß und erhaben werden; in diesem Kampf bestätigt sie ihre Kraft als »Würde«: »Beherrschung der Triebe durch die moralische Kraft ist Geistesfreiheit, und Würde heißt ihr Ausdruck in der Erscheinung« (SW 5,475).
Wie verhalten sich nun Anmut und Würde jeweils zum na-

60 Von hier aus ergibt sich die spätere Annäherung Goethes: Im 6. Buch des *Wilhelm Meister*, in den »Bekenntnissen einer schönen Seele«, zeigt Goethe die Beziehung zu Schiller, indem er die Eigenart der schönen Seele ebenfalls an einem weiblichen Charakter entwickelt.

türlichen Teil des Menschen, zu den unwillkürlichen Affekten? »Anmut liegt [...] in der Freiheit der willkürlichen Bewegungen; Würde in der Beherrschung der Unwillkürlichkeit. Die Anmut läßt der Natur da, wo sie die Befehle des Geistes ausrichtet, einen Schein von Freiwilligkeit; die Würde hingegen unterwirft sie da, wo sie herrschen will, dem Geist. Überall, wo der Trieb anfängt zu handeln und sich herausnimmt, in das Amt des Willens zu greifen, da darf der Wille keine Indulgenz [Nachsicht], sondern muß durch den nachdrücklichsten Widerstand seine Selbständigkeit (Autonomie) beweisen. Wo hingegen der Wille anfängt und die Sinnlichkeit ihm folgt, da darf er keine Strenge, sondern muß Indulgenz beweisen. Dies ist mit wenigen Worten das Gesetz für das Verhältnis beider Naturen im Menschen, so wie es in der Erscheinung sich darstellet« (SW 5,477).[61]
Die Frage, wie so unterschiedliche Phänomene in ein und demselben Menschen vereinigt sein können, beantwortet Schiller folgendermaßen: »Da Würde und Anmut ihre verschiedenen Gebiete haben, worin sie sich äußern, so schließen sie einander in derselben Person, ja in demselben Zustand einer Person nicht aus; vielmehr ist es nur die Anmut, von der die Würde ihre Beglaubigung, und nur die Würde, von der die Anmut ihren Wert empfängt« (SW 5,480).
Schiller hatte mit seinem Essay *Über Anmut und Würde* ursprünglich vor, in Anlehnung an Kant nur den objektiven Begriff des Schönen, der *vor* aller Erscheinung liegt, zu untersuchen. Seine Überlegungen führten dann aber schließlich zu einer breit angelegten Analyse des Schönen *in* der Erscheinung. Gleichzeitig entwickelt er aber aus diesen Überlegungen den die Anmut ergänzenden Gegenbegriff der Würde. In dieser Art der Gedankenentwicklung zeigt sich ein dialektisches Denken, das für die folgenden philosophischen Arbeiten Schillers das Niveau angibt.

61 Gerhard (vgl. Anm. 56) sieht in dieser Absetzung von Kant »eine Zeitwende«, der »sich Schiller selbst kaum bewußt gewesen« sei (S. 206).

Über die ästhetische Erziehung des Menschen in einer Reihe von Briefen. Im Januar 1791 erkrankte Schiller schwer. Nach vorübergehender Erholung hatte er im Mai einen Rückfall, der das Gerücht von seinem Tod entstehen ließ. Im Juni erreichte dieses Gerücht den dänischen Dichter Jens Baggesen, der mit seinen Freunden daraufhin eine Totenfeier veranstaltete. Als Baggesen dann im Oktober erfuhr, daß Schiller lebte und seine Genesung nur durch eine finanzielle Unterstützung entscheidend gefördert werden könne, entschlossen sich auf Baggesens Anregung hin der dänische Erbprinz Friedrich Christian von Schleswig-Holstein-Sonderburg-Augustenburg und dessen Finanzminister Graf von Schimmelmann zu einer dreijährigen Pension für Schiller. Als Dank für diese Hilfe in der Not schrieb Schiller im Laufe des Jahres 1793 eine Reihe von Briefen an Friedrich Christian. In seinem Einleitungsbrief vom 9. Februar 1793 sagt er über seine Absicht: »Ich wünschte meine Ideen über die Philosophie des Schönen, ehe ich sie dem Publikum selbst vorlege, in einer Reihe von Briefen an Sie richten und Ihnen stückweise zusenden zu dürfen« (*Briefe*, 13 f.).[62] Zwischen diesem Brief und dem zweiten vom 13. Juli 1793 arbeitete Schiller, wie als Vorbereitung auf diese Aufgabe, an den sogenannten *Kallias-Briefen* (Briefe an Körner über das Schöne, die er nicht fertiggestellt hat) und an den beiden Essays *Über das Pathetische* und *Über Anmut und Würde*. Am 26. Februar 1794 gingen bei einem Brand im königlichen Schloß in Kopenhagen die bis dahin entstandenen Briefe im Original verloren. Einige[63] blieben jedoch durch Abschriften erhalten und Schiller versprach

62 *Briefe an den Prinzen Friedrich Christian von Schleswig-Holstein-Sonderburg-Augustenburg*, in: *Friedrich Schiller, Über die ästhetische Erziehung des Menschen. Briefe an den Augustenburger, Ankündigung der »Horen« und letzte, verbesserte Fassung.* Mit einem Vorw. hrsg. von Wolfhart Henckmann, München 1967.

63 Es sind die Briefe vom 9. Februar, 13. Juli, 11. November und 3. Dezember 1793. Drei weitere sind verloren. Die erhaltenen wurden erst lange nach Schillers Tod entdeckt und 1876 veröffentlicht.

daraufhin, die Briefe wieder zu vervollständigen. Das Ergebnis ist eine überarbeitete und erweiterte Fassung, die heute unter dem Titel *Über die ästhetische Erziehung des Menschen in einer Reihe von Briefen* vorliegt. Übereinstimmung mit der ursprünglichen Fassung zeigen vor allem die Briefe 1–6, 8–10, 16 und 24–27.

Schiller hat diese zweite Fassung 1795 in den »Stücken« 1, 2 und 6 seiner Zeitschrift *Die Horen* veröffentlicht: 1. Stück (Januar): Briefe 1–9; 2. Stück (Februar): Briefe 10–16; 6. Stück (Juni): Briefe 17–27. Den Abschluß der in den *Briefen* dargestellten Gedanken sollte ein besonderes Buch bringen, dem fürstlichen Gönner gewidmet. Es kam jedoch nicht zustande, und so blieb die erweiterte Umarbeitung ebenso ein Versuch wie die Originalbriefe.

Schillers *Ästhetische Briefe* verfolgen im wesentlichen zwei Ziele. Einmal geht es erneut, wie schon in *Anmut und Würde,* um die Klärung des Problems, was das Schöne sei, zum anderen stellt sich Schiller im Zusammenhang mit seiner Beurteilung der politischen Lage in Europa in der Niedergangsphase der Französischen Revolution die Frage, welche Funktion die Kunst in der Menschheitsentwicklung allgemein und in der aktuellen historischen Situation im besonderen haben könne.

In der ersten Fassung der Briefe an den Herzog spricht er von dem Ziel, die Kunst als »seelenbildendes« Phänomen zu untersuchen, ja sie in den Rang einer Wissenschaft erheben zu wollen. Er möchte mit diesem Ansatz über Kant hinausgehen, der das für unmöglich gehalten hat, zugleich aber mit Kants Methode arbeiten, dessen Philosophie er als eine für ihn »fruchtbare« bezeichnet.

Gelänge das, dann wäre nach Schillers Ansicht ein Fundament für die eigentliche Aufgabe geschaffen, nämlich die Kunst für die notwendige Veredelung des Menschen zu nutzen, zu der Staat und Politik seiner Ansicht nach nicht in der Lage seien – wie die jüngsten europäischen Ereignisse gezeigt hätten. Erst eine solche Veredelung könne den Menschen auch und vor allem für die politische Freiheit fähig machen.

Doch er rechtfertigt sich auch gegenüber dem Herzog, daß er als Laie in der Philosophie ein solches Unternehmen wage. In seinem ersten Brief vom 9. Februar 1793 schreibt er: »Mein jetziges Unvermögen, die Kunst selbst auszuüben, wozu ein frischer und freier Geist gehört, hat mir eine günstige Muße verschafft, über ihre Prinzipien nachzudenken. [...] Zur Gründung einer Kunsttheorie ist es, däucht mir, nicht hinreichend, Philosoph zu sein; man muß die Kunst selbst ausgeübt haben, und dies, glaube ich, gibt mir einige Vorteile über diejenigen, die mir an philosophischer Einsicht ohne Zweifel überlegen sein werden. Eine ziemlich lange Ausübung der Kunst hat mir Gelegenheit verschafft, der Natur in mir selbst bei denjenigen Operationen, die nicht aus Büchern zu erlernen sind, zuzusehen. Ich habe mehr als irgendein anderer meiner Kunstbrüder in Deutschland durch *Fehler* gelernt, und dies, däucht mir, führt mehr als der sichere Gang eines nie irrenden Genies zur deutlichen Einsicht in das Heiligtum der Kunst« (*Briefe*, 12).[64]

Liest man nun die ersten zehn Briefe, so wundert man sich, denn der Künstler tritt hier kaum hervor, auch die Schönheit nimmt einen verhältnismäßig geringen Raum ein. Statt dessen entwirft Schiller zunächst eine geschichtsphilosophische und kulturkritische Gesamtschau. Das ist einsehbar, will er doch von einem Erziehungsprozeß sprechen, der zu einer gesellschaftlichen Umwandlung, zu neuen Lebens- und Gemeinschaftsformen führt.

Er beginnt damit, daß er seine eigene Zeit am Ende des Aufklärungszeitalters und in der Niedergangsphase der Französischen Revolution betrachtet. Die Zeitumstände seien so, daß sie nachdrücklich dazu aufforderten, »sich mit dem vollkommensten aller Kunstwerke, mit dem Bau einer

64 Siehe Anm. 62.

wahren politischen Freiheit zu beschäftigen« (SW 5,572). Und wie zur Rechtfertigung seines Vorgehens sagt er: »Erwartungsvoll sind die Blicke des Philosophen wie des Weltmanns auf den politischen Schauplatz geheftet, wo jetzt, wie man glaubt, das große Schicksal der Menschheit verhandelt wird. Verrät es nicht eine tadelnswerte Gleichgültigkeit gegen das Wohl der Gesellschaft, dieses allgemeine Gespräch nicht zu teilen?« (ebenda).

Wie sieht er nun den gegenwärtigen Zustand des Staates und des Einzelnen in diesem? »Auseinandergerissen wurden jetzt der Staat und die Kirche, die Gesetze und die Sitten; der Genuß wurde von der Arbeit, das Mittel vom Zweck, die Anstrengung von der Belohnung geschieden. Ewig nur an ein einzelnes kleines Bruckstück des Ganzen gefesselt, bildet sich der Mensch selbst nur als Bruckstück aus, ewig nur das eintönige Geräusch des Rades, das er umtreibt, im Ohre, entwickelt er nie die Harmonie seines Wesens, und anstatt die Menschheit in seiner Natur auszuprägen, wird er bloß zu einem Abdruck seines Geschäfts, seiner Wissenschaft« (SW 5,584).

Es ist dies nichts anderes als eine Beschreibung des durch Arbeitsteilung von sich und seinen Mitmenschen entfremdeten Menschen. Ungeachtet aller großen materiellen und ideellen Erfolge, die die Menschheit dadurch errungen hat, ist es für Schiller die dringende Aufgabe, die seit der Antike durch die fortschreitende Entfremdung verlorengegangene Totalität des Menschen auf einer höheren Ebene wiederzugewinnen, d. h. auch wegzukommen von der unmenschlichen Maxime seines Zeitalters (und des unsrigen, darin liegt Schillers Modernität),[65] daß der Nutzen für alles menschliche Handeln leitend sein müsse. Dabei ist er keineswegs fortschrittsfeindlich, denn zum Fortschritt, das zeigt dem Historiker Schiller die Geschichte, gehört auch

65 Vgl. dazu den interessanten Essay von Max Kommerell »Schiller als Psychologe«, in: M. K., *Dame Dichterin und andere Essays*, München 1967, S. 65–115.

Differenzierung und Spezialisierung. Sein erklärtes Ziel ist es sogar, nichts von dem verlorengehen zu lassen, was die Menschheit an Zivilisation sich erworben hat. Aber er ist durchaus nicht überzeugt, »daß die Ausbildung der einzelnen Kräfte das Opfer ihrer Totalität notwendig macht; oder wenn auch das Gesetz der Natur noch so sehr dahin strebte, so muß es bei uns stehen, diese Totalität in unsrer Natur, welche die Kunst zerstört hat, durch eine höhere Kunst wiederherzustellen« (SW 5,588). Mit der ›zerstörenden Kunst‹ ist als Gegensatz zur Natur die zivilisatorische Entwicklung gemeint.

Die Wiedergewinnung dieser Totalität, die die Voraussetzung für einen neuen Staat der Freiheit bildet, kann nicht vom Staat ausgehen, dessen Verfasssung er im Vergleich zu dem großen Ziel »barbarisch« nennt. Dazu bedürfte es seiner Ansicht nach eines »Werkzeugs«, das die derzeitige staatliche Verfassung nicht hergibt; es bedürfte für eine solche Veränderung aber auch »Quellen«, »die sich bei aller politischen Verderbnis rein und lauter erhalten« (9. Brief, SW 5,592 f.). An dieser Stelle legt Schiller eine Art Geständnis ab, indem er einräumt, seine ganzen bisherigen Überlegungen hätten nur das Ziel gehabt auszusprechen, daß dieses »Werkzeug« die »schöne Kunst« sei und die reinen und lauteren »Quellen« in den überlieferten Beispielen der Kunst lägen, also in Homers Dichtungen oder in den Bauten der Akropolis.

Hier wird deutlich, daß die Voraussetzungen für die notwendigen Veränderungen nicht außerhalb des Menschen, sondern nur in dessen Innerem geschaffen werden können.

Schiller betrachtet in den Briefen dieses menschliche Innere noch einmal auf eine ganz neue Weise, wiewohl schon Bekanntes eingewoben ist. Es gibt für ihn zwei Äußerungsformen des Menschseins, die er aus zwei Grundtrieben ableitet: dem Stofftrieb und dem Formtrieb. Dabei ist der

Begriff Trieb nicht psychologisch zu verstehen, sondern er bezeichnet Kräfte, die im Menschen wirksam sind und die ihn antreiben, ein Verhältnis zur Welt und zu sich selbst zu gewinnen.

Im sinnlichen Trieb, im Stofftrieb, zeigt sich eine antreibend-aufnehmende Kraft, durch die die Erscheinungswelt in die menschlichen Sinne eingeht. Was der Mensch wahrnimmt, wird von außen bestimmt, es strömt auf ihn ein und fesselt ihn an das Außen; diese Kraft sucht den Menschen zu »veräußern«, ihn im Außen aufgehen zu lassen.

Im Formtrieb[66] zeigt sich die menschliche Vernunft als wahrnehmend-ordnende Kraft. Sie treibt den Menschen an, in das Ungeordnete der Wahrnehmungsinhalte Ordnung und Gesetzmäßigkeit zu bringen. Dadurch kommt, entsprechend den Gesetzen der Logik, denen das Denken des Menschen unterworfen ist, Systematik in die Erfahrung. Bei beiden ›Trieben‹ ist der Mensch nicht frei, beim Stofftrieb ist er der Naturnotwendigkeit seiner Sinne unterworfen, beim Formtrieb der Vernunftnotwendigkeit.

Das Gleichgewicht in der wechselweisen Betätigung beider Triebe wäre die Vollendung des Menschseins, die freilich in der Wirklichkeit nicht erreichbar ist. Doch es ist denkbar, daß die streitenden Triebe versöhnt und durch einen dritten Trieb zur Einheit gebracht werden. Schiller, der diesen zunächst nur möglichen Trieb im Laufe seiner Überlegungen als wirklich vorhanden sieht, nennt ihn »Spieltrieb«. Er macht es möglich, daß sich die Gesamtheit aller menschlichen Kräfte freudig und frei entfaltet, frei von jedem Zwang der Bedürfnisse und der Zwecke, so wie das im Spiel des Kindes der Fall ist. Im Spiel beseelt es tote Gegenstände, spricht mit ihnen und bringt sie in Zusammenhänge, die allen natürlichen und logischen Gesetzmäßigkeiten widersprechen. Die Ordnung, die das Kind mit den ihm überlassenen oder von ihm gesuchten »Spielsachen« errichtet, ist

66 Mit Form ist nicht künstlerische Form gemeint, sondern ein Vermögen des Erhaltens.

von ihm erfunden. Sie ist nirgends vorgegeben oder ablesbar. Das ist Schöpfertum in völliger Freiheit.

Der Spieltrieb ist sowohl aufnehmend (wie der Stofftrieb) als auch gestaltend (wie der Formtrieb). Sein Gegenstand ist lebende Gestalt und »gestaltetes Leben« oder Form, die vom Leben beseelt ist. Erst der Spieltrieb stellt jenes ersehnte Gleichgewicht her, in dem der Sinn allen Menschseins liegt. Schiller faßt das in die berühmteste These seiner Abhandlung: »Denn, um es endlich auf einmal herauszusagen, der Mensch spielt nur, wo er in voller Bedeutung des Worts Mensch ist, und er ist nur da ganz Mensch, wo er spielt. Dieser Satz, der in diesem Augenblicke vielleicht paradox erscheint, wird eine große und tiefe Bedeutung erhalten, [...] er wird [...] das ganze Gebäude der ästhetischen Kunst und der noch schwierigern Lebenskunst tragen« (SW 5,618).

Der spielende Mensch ist also der schöpferische und der freie Mensch. Jeder wirkliche Künstler ist ein spielender Mensch. Er schafft aus Neigung, ohne fremdbestimmt zu sein. Sein Wirken stammt aus Phantasie und Geist. Und auch der Mensch, der Kunst genießt, hat teil an dieser Freiheit. Indem das Kunstwerk von ihm sinnlich wahrgenommen wird, befriedigt es seinen Geist. Das Wohlgefallen, das er an dem Kunstwerk hat, ist frei von Begierde und Zweckhaftigkeit.

Im Künstler und im Kunst Genießenden sind Stoff- und Formtrieb in Harmonie; sie ist das Merkmal des Schönen.

Das, was Schiller in *Anmut und Würde* in der »schönen Seele« gefunden hat, nennt er jetzt Erfüllung und Betätigung des Spieltriebes. Denn wie der Mensch nur spielt, wo er in der vollen Bedeutung des Wortes Mensch ist, und nur da ganz Mensch ist, wo er spielt, so entfaltet sich in der ästhetischen Stimmung frei und freudig die Gesamtheit seiner Kräfte: Schönheit ist Freiheit in der Erscheinung.

Nun ist es nach Schiller nicht so, daß jeder Mensch Künstler sein müßte, aber jede Art der Erziehung, die dem Künstlerischen Raum gibt, die den Umgang mit Kunst fördert und die auf Kreativität setzt, fördert im Menschen das, was Schiller den »ästhetischen Zustand« nennt, der dem Menschen das Erlebnis der Freiheit vermittelt.

Es geht um eine Veredelung des inneren Menschen, um auf diesem Wege sich dem Ideal eines Staates zu nähern, in dem der Ruf nach Freiheit nicht in Gefahr ist, in Terrorismus umzuschlagen.

Durch ästhetische Erziehung kann der Mensch seiner wahren Würde innewerden, und erst dann wird er in der Lage sein, in einem gesellschaftlichen Ganzen mehr als ein Individuum zu sein. Denn mit »seiner Menschenwürde unbekannt, ist er weit entfernt, sie in andern zu ehren, und der eignen wilden Gier sich bewußt, fürchtet er sie in jedem Geschöpf, das ihm ähnlich sieht. Nie erblickt er andre in sich, nur sich in andern, und die Gesellschaft, anstatt ihn zur Gattung auszudehnen, schließt ihn nur enger und enger in sein Individuum ein« (SW 5,547).

Wie sich dieser ästhetische Staat im Vergleich zu den anderen Staatsformen ausnimmt, hat Schiller im abschließenden 27. Brief beschrieben: »Wenn in dem dynamischen Staat der Rechte der Mensch dem Menschen als Kraft begegnet und sein Wirken beschränkt – wenn er sich ihm in dem ethischen Staat der Pflichten mit der Majestät des Gesetzes entgegenstellt und sein Wollen fesselt, so darf er ihm im Kreise des schönen Umgangs, in dem ästhetischen Staat, nur als Gestalt erscheinen, nur als Objekt des freien Spiels gegenüberstehen. Freiheit zu geben durch Freiheit ist das Grundgesetz dieses Reichs. [...] Wenn schon das Bedürfnis den Menschen in die Gesellschaft nötigt und die Vernunft gesellige Grundsätze in ihm pflanzt, so kann die Schönheit allein ihm einen geselligen Charakter erteilen. Der Geschmack allein bringt Harmonie in die Gesellschaft, weil er Harmonie in dem Individuum stiftet« (SW 5,667).

Über naive und sentimentalische Dichtung. Schiller hat diese großen Abhandlung, in der Ästhetik und Geschichtsphilosophie einander durchdringen, verhältnismäßig rasch vom September 1795 bis Anfang Januar 1796 geschrieben. Sie erschien 1795 und 1796 in drei Teilen in seiner Zeitschrift *Die Horen*.

Als Einleitung und Grundlegung stellt Schiller seiner Schrift eine Untersuchung des Naiven voran. Dieser Abschnitt ist wohl der älteste Teil der Abhandlung und reicht in seinen Grundgedanken bis zum Beginn von Schillers Kant-Studien 1793 zurück. In den *Kallias-Briefen* 1793 hatte Schiller schon die Frage gestellt »Warum ist das Naive schön?« Die vorläufige Antwort damals: »Weil die Natur darin über Künstelei und Verstellung ihre Rechte behauptet; es ist Natur selbst« (SW 5,422).

Während seiner Reise in die Heimat nach Württemberg im Herbst 1793 äußert er in einem Brief an Körner vom 4. Oktober, daß er die Absicht habe, einen kleinen Aufsatz über das Naive zu schreiben. Die Bekanntschaft mit Goethe 1794 scheint diese Absicht dann nicht nur weiter gefördert, sondern sie erweitert und zum Abschluß gebracht zu haben. Das geschah nicht zuletzt deshalb, weil ihm nun in der sich anbahnenden fruchtbaren Beziehung zu Goethe ein seiner Ansicht nach »naiver« Dichter gegenüberstand, den er unbedingt in den Grundlagen seiner Produktion verstehen wollte. Doch hat er in diesem Zusammenhang auch an sich die Frage gestellt: »Inwiefern kann ich, bei dieser Entfernung vom Geiste der griechischen Poesie, noch Dichter sein, und zwar besserer Dichter, als der Grad jener Entfernung zu erlauben scheint« (an Wilhelm von Humboldt, 26. Oktober 1795, NA 28,83). Ihm war klargeworden, warum Goethe ihm bisher in gewisser Weise fremd geblieben war. Ihn in seiner Eigenart zu erfassen, unternahm er in genial einfühlsamer Weise in dem berühmten Geburtstagsbrief vom 23. August 1794. Dort benutzte er die Begriffe *intuitiv* und *spekulativ*, um ihrer beider Grundansätze zu

charakterisieren. Ihnen entsprechen in seiner Abhandlung die Begriffe *naiv* und *sentimentalisch*.
In dem ersten einleitenden Teil untersucht nun Schiller das Naive in seinen verschiedenen Arten und seine Wirkung auf den Menschen der Gegenwart, den von der Natur entfremdeten Kulturmenschen. Schiller beginnt mit einer Feststellung aus der ganz alltäglichen Erfahrung heraus: »Es gibt Augenblicke in unserm Leben, wo wir der Natur in Pflanzen, Mineralien, Tieren, Landschaften, sowie der menschlichen Natur in Kindern, in den Sitten des Landvolks und der Urwelt, [...] eine Art von Liebe und von rührender Achtung widmen« (SW 5,694). Er hebt dabei besonders hervor, daß dieses Wohlgefallen an der Natur kein ästhetisches, sondern ein moralisches sei, weil es durch eine Idee vermittelt werde: »Es sind nicht diese Gegenstände, es ist eine durch sie dargestellte Idee, was wir in ihnen lieben. Wir lieben in ihnen das stille schaffende Leben, das ruhige Wirken aus sich selbst, das Dasein nach eignen Gesetzen, die innere Notwendigkeit, die ewige Einheit mit sich selbst« (SW 5,694 f.). Diese »ewige Einheit mit sich selbst«, die die Natur auszeichnet, entwickelt er am Beispiel des Kindes.
In den einfachen Handlungen des Kindes sieht er die Größe einer Idee, der gegenüber jede noch so komplexe Erfahrung des Erwachsenen gering erscheint. Der Verstand mag das Handeln des naiven Kindes als Unverstand und Unvermögen und somit als unbedeutend bewerten, für die Vernunft hingegen ist es Reichtum an Wahrheit und Unschuld des Herzens. Dann »ist jener Triumph des Verstandes vorbei, und der Spott über die Einfältigkeit geht in Bewunderung der Einfachheit über«, aus der die Erkenntnis der eigenen Entfremdung erwachsen kann. An einem für den Stil der Abhandlung sehr einfachen und anschaulichen Beispiel erläutert Schiller das: »Wenn ein Vater seinem Kinde erzählt, daß dieser oder jener Mann vor Armut verschmachte, und das Kind hingeht und dem armen Mann seines Vaters Geldbörse zuträgt, so ist diese Handlung naiv; denn die gesunde

Natur handelte aus dem Kinde, und in einer Welt, wo die gesunde Natur herrschte, würde es vollkommen recht gehabt haben, so zu verfahren. Es sieht bloß auf das Bedürfnis und auf das nächste Mittel, es zu befriedigen; eine solche Ausdehnung des Eigentumsrechtes, wobei ein Teil der Menschen zugrunde gehen kann, ist in der bloßen Natur nicht gegründet. Die Handlung des Kindes ist also eine Beschämung der wirklichen Welt, und das gesteht auch unser Herz durch das Wohlgefallen, welches es über jene Handlung empfindet« (SW 5,701 f.).

Das Verhältnis des Menschen zu Natur, zum Naiven wird nun am Dichter gezeigt. Ihn sieht Schiller als Exponent für dieses Verhältnis, denn Dichten heißt für den Dichter nichts anderes, als jeweils sein Verhältnis zur Natur zu bestimmen: »Die Dichter sind überall, schon ihrem Begriffe nach, die Bewahrer der Natur. Wo sie dieses nicht ganz mehr sein können und schon in sich selbst den zerstörenden Einfluß willkürlicher und künstlicher Formen erfahren oder doch mit demselben zu kämpfen gehabt haben, da werden sie als die Zeugen und als die Rächer der Natur auftreten. Sie werden entweder Natur sein, oder sie werden die verlorene suchen« (SW 5,712). An dieser unterschiedlichen Beziehung zur Natur lassen sich nach Schiller zwei unterschiedliche Weisen der Dichtung ausmachen, die die ganze Breite der Dichtkunst umfassen und die sich in der Entwicklung der Dichtung von der Antike bis zur Gegenwart beobachten lassen: Die naive und die sentimentalische Dichtkunst.

Der naive Dichter folgt der einfachen Natur und Empfindung, er ist mit ihr eins und beschränkt sich auf Nachahmung der Wirklichkeit. Der unterschiedliche Eindruck, den naive Dichtungen machen, beruht nur auf dem unterschiedlichen Grad ein und derselben Empfindungsweise. Der Leser wird von ihnen nie auf unterschiedliche Weise gerührt werden. Die Empfindung gegenüber dieser Art von Dichtungen ist immer dieselbe. »Selbst der Unterschied der Sprachen und Zeitalter ändert hier nichts, denn eben diese

reine Einheit ihres Ursprungs und ihres Effekts ist ein Charakter der naiven Dichtung« (ebenda).
Das Urbild dieser Art von Dichtung sieht Schiller in der griechischen Antike. Er nennt Homer als ihren exemplarischen Vertreter: »Wie die Gottheit hinter dem Weltgebäude, so steht er hinter seinem Werk; er ist das Werk, und das Werk ist er; man muß des erstern schon nicht wert oder nicht mächtig oder schon satt sein, um nach ihm nur zu fragen« (SW 5,713).
Doch auch in der Neuzeit, der Zeit des sentimentalischen Dichters, gibt es noch Beispiele für diese Beziehung des Dichters zur Wirklichkeit und zu seinem Werk. Schiller nennt in einem Atemzug mit Homer Shakespeare und meint natürlich, ohne den Namen zu nennen, auch Goethe. Aber er zögert auch nicht, darauf hinzuweisen, daß diese Art der Dichtung nicht unbedingt zeitgemäß, sondern die bedeutende Ausnahme ist: »Dichter von dieser naiven Gattung sind in einem künstlichen Weltalter nicht so recht mehr an ihrer Stelle. Auch sind sie in demselben kaum mehr möglich, wenigstens auf keine andere Weise möglich, als daß sie in ihrem Zeitalter wild laufen und durch ein günstiges Geschick vor dem verstümmelnden Einfluß desselben geborgen werden« (SW 5,715). Damit ist auch für Goethe, dessen günstiges Geschick für Schiller ganz offensichtlich war, eine absolute Sonderstellung ausgewiesen, die Goethe akzeptiert und die sein Selbstverständnis fördert. So gesteht er Schiller gegenüber geradezu dankbar: »daß ich, aus einer allzugroßen Vorliebe für die alte Dichtung, gegen die neuere oft ungerecht war. Nach Ihrer Lehre kann ich erst selbst mit mir einig werden, da ich das nicht mehr zu schelten brauche, was ein unwiderstehlicher Trieb mich doch, unter gewissen Bedingungen, hervorzubringen nötigte, und es ist eine sehr angenehme Empfindung, mit sich selbst und seinen Zeitgenossen nicht ganz unzufrieden zu sein.«[67]

67 *Der Briefwechsel zwischen Schiller und Goethe*, hrsg. von Gerhard Gräf und Albert Leitzmann, Frankfurt a. M. 1964, S. 113 f.

Naive Dichter werden, so räumt Schiller ein, in der Gegenwart von den Kritikern sogar als »Grenzstörer«, »die man lieber unterdrücken möchte«, gehaßt. Hier liegt vielleicht auch ein Ansatzpunkt für die später in den *Xenien* von Goethe und Schiller veranstaltete scharfe Anprangerung der Kritiker.

Die Aufgabe des sentimentalischen, des modernen Dichters ist hingegen eine andere. Er »reflektiert über den Eindruck, den die Gegenstände auf ihn machen, und nur auf jene Reflexion ist die Rührung gegründet, in die er selbst versetzt wird und uns versetzt. Der Gegenstand wird hier auf eine Idee bezogen, und nur auf dieser Beziehung beruht seine dichterische Kraft. Der sentimentalische Dichter hat es daher immer mit zwei streitenden Vorstellungen und Empfindungen, mit der Wirklichkeit als Grenze und mit seiner Idee als dem Unendlichen zu tun, und das gemischte Gefühl, das er erregt, wird immer von dieser doppelten Quelle zeugen. Da also hier eine Mehrheit der Prinzipien stattfindet, so kommt es darauf an, welches von beiden in der Empfindung des Dichters und in seiner Darstellung überwiegen wird, und es ist folglich eine Verschiedenheit in der Behandlung möglich« (SW 5,720 f.).

Der naive Dichter lebt in einer harmonischen Welt, zumindest kann er sie harmonisch sehen und empfinden, und er schafft als Zeuge der Natur sein Werk aus dem Überfluß des Erlebnisses, der sentimentalische lebt in einer entfremdeten, antagonistischen Welt, er ist der Rächer der Natur und schafft aus dem Mangel; sein Gefühl für Natur ist wie das des Kranken für die Gesundheit. Indem er diesen Mangel zu beheben versucht, rächt er den Abfall von der Natur.

Er kann das zerfallene Verhältnis des Menschen zur Natur auf höherer Ebene wiederherstellen und seine Entfremdung aufheben, indem er im dargestellten Ideal eine Versöhnung von Natur und Kunst, von Sinnlichkeit und Vernunft vorwegnimmt. Seine Aufgabe ist es also nicht, Wirklichkeit wiederzugeben, sondern ein Ideal zu bilden. Er gibt damit das Ziel vor, dem sich die Menschheit im Verlauf ihrer Geschichte allmählich wieder annähern soll.

Die Trennung in naiv und sentimentalisch hebt Schiller indes auch wieder auf bzw. relativiert sie, um die Aufgabe der Dichtkunst insgesamt und die geschichtsphilosophische Perspektive noch genauer in den Blick zu bekommen: »Denn endlich müssen wir es doch gestehen, daß weder der naive noch der sentimentalische Charakter, für sich allein betrachtet, das Ideal schöner Menschlichkeit ganz erschöpfen, das nur aus der innigen Verbindung beider hervorgehen kann« (SW 5,768).

Die Unterschiede und Mängel der beiden Charaktere verschwinden für ihn, je mehr sie »poetisch werden«; beide Empfindungsarten treffen sich im »Begriff des Poetischen«.

Im nächsten Teil der Abhandlung zeigt Schiller auf, wie eine Dichtung beschaffen sein muß, die einer solchen Darstellung des Ideals am meisten entspricht. Die allgemeinste Aufgabe der Dichtung ist es, das, was Menschsein heißt, in der vollständigsten Weise sichtbar zu machen.

An die Unterscheidung zwischen naivem und sentimentalischem Dichter schließt sich der wichtige Abschnitt an, in dem Schiller nach der Dichtungsgattung fragt, die dem sentimentalischen Dichter und seinem Streben am meisten genügen könne. Er geht davon aus, daß grundsätzlich Satire und Elegie zwei mögliche Formen sind, mit denen der Dichter sich der Wirklichkeit zu bemächtigen vermag, in der er Wirklichkeit in Dichtung überführen kann. Dabei »entsteht die Frage, ob er mehr bei der Wirklichkeit, ob er mehr bei dem Ideale verweilen – ob er jene als einen Gegenstand der Abneigung, ob er dieses als einen Gegenstand der Zuneigung ausführen will« (SW 5,721). Die Satire ist die Form, in der der Dichter Abneigung gegen die Wirklichkeit zum Ausdruck bringt und das unerreichbare Ideal höchste Wirklichkeit für ihn ist. In der Elegie (im weiteren Sinne) schenkt er dem Ideal seine Zuneigung und die Darstellung der Wirklichkeit tritt zurück. Diese Haltung läßt sich aber noch weiter differenzieren, denn: »Entweder ist die Natur und das Ideal ein Gegenstand der Trauer, wenn jene als verloren, dieses als unerreicht dargestellt wird. Oder beide sind ein Gegenstand der Freude, indem sie als wirklich vorgestellt werden. Das erste gibt die Elegie in engerer, das andere die Idylle in weitester Bedeutung« (SW 5,728). In seinen eigenen Elegien, etwa in den *Göttern Griechenlands* oder in *Nänie*, hat Schiller das überzeugend sichtbar gemacht.

Mit der Idylle hat er nun die eigentliche Form des sentimentalischen Dichters erreicht; seine späten Dramen, besonders *Die Jungfrau von Orleans* und *Wilhelm Tell*, sind Ansätze dazu.[68]

Bevor er den Ausblick auf die zukünftige Bedeutung der Idylle als Dichtungsgattung gibt, beschreibt er die Zustände, die als Wirklichkeit in die Idylle eingehen und die in der traditionellen Hirtenidylle dargestellt worden sind: »Alle Völker, die eine Geschichte haben, haben ein Paradies, einen Stand der Unschuld, ein goldnes Alter; ja, jeder einzelne Mensch hat sein Paradies, sein goldnes Alter, dessen er sich, je nachdem er mehr oder weniger Poetisches in seiner Natur hat, mit mehr oder weniger Begeisterung erinnert. Die Erfahrung selbst bietet also Züge genug zu dem Gemälde dar, welches die Hirtenidylle behandelt« (SW 5,747).[69]

Was er vom sentimentalischen Dichter, also auch von sich, im Umgang mit der Idylle erwartet, ist nicht weniger als die

68 Vgl. dazu die Arbeiten von: Gerhard Kaiser, »›Idylle und Revolution‹. Schillers *Wilhelm Tell*«, in: *Deutsche Literatur und Französische Revolution*, Göttingen 1974, S. 27–128; Wolfgang Binder, »Ästhetik und Dichtung in Schillers Werk«, in: W. B., *Aufschlüsse. Studien zur deutschen Literatur*, Zürich/München 1976, S. 219–241.

69 Wie die Gattungsbegriffe gemeint sind, wird aus der Anm. 21 der Abhandlung erkennbar: »Nochmals muß ich erinnern, daß die Satire, Elegie und Idylle, so wie sie hier als die drei einzig möglichen Arten sentimentalischer Poesie aufgestellt werden, mit den drei besondern Gedichtarten, welche man unter diesem Namen kennt, nichts gemein haben als die Empfindungsweise, welche sowohl jenen als diesen eigen ist.«

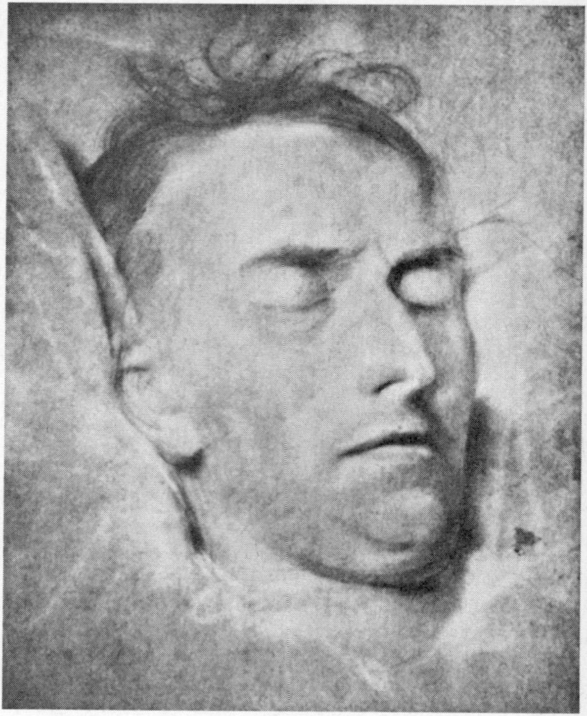

Schiller auf dem Totenbett.
Nach der Kreidezeichnung von Ferdinand Jagemann,
10. Mai 1805

idealische Zukunft der Menschheit. Damit schlägt er den großen Bogen von der Ästhetik zur Geschichtsphilosophie, wie er in den *Ästhetischen Briefen* und in den Gedichten *Die Götter Griechenlands* und *Der Spaziergang* schon angedeutet bzw. vorgezeichnet war: »Er [der sentimentalische Dichter] führe uns nicht rückwärts in unsre Kindheit, um uns mit den kostbarsten Erwerbungen des Verstandes eine Ruhe erkaufen zu lassen, die nicht länger dauern kann als der Schlaf unsrer Geisteskräfte; sondern führe uns vorwärts zu unsrer Mündigkeit, um uns die höhere Harmonie zu empfinden zu geben, die den Kämpfer belohnet, die den Überwinder beglückt. Er mache sich die Aufgabe einer Idylle, welche jene Hirtenunschuld auch in Subjekten der Kultur und unter allen Bedingungen des rüstigsten feurigsten Lebens, des ausgebreitetsten Denkens, der raffiniertesten Kunst, der höchsten gesellschaftlichen Verfeinerung ausführt, welche, mit einem Wort, den Menschen, der nun einmal nicht mehr nach Arkadien zurückkann, bis nach Elysium führt« (SW 5,750).
Das Idyllische ist demnach eine Wiederholung des Naiven auf höherer Stufe: Hirtenunschuld dargestellt in Menschen, die die intellektuellen Fähigkeiten und die emotionale Raffinesse der Neuzeit besitzen und diese nicht aufgeben müssen, sondern sie veredeln.
Zum Abschluß seiner Abhandlung führt Schiller seine Untersuchung über den naiven und den sentimentalischen Dichter auf eine psychologische Betrachtung menschlicher Grundtypen und ihrer Entartungen zurück. Er geht davon aus, daß in der Steigerung des Poetischen die Unterschiede schwinden: »ihr Gegensatz wird immer weniger merklich, in einem je höhern Grade sie poetisch werden; denn die poetische Stimmung ist ein selbständiges Ganze, in welchem alle Unterschiede und alle Mängel verschwinden« (SW 5,768).
Wird von den beiden dichterischen Empfindungsarten des Naiven und Sentimentalischen das Poetische weggenom-

men, dann führt das zu zwei Reduktionstypen, dem Realisten und dem Idealisten, die gemeinsam wohltätig wirken, in der Vereinzelung jedoch zu Entartungen führen können, denn: »Jenem fällt es nicht ein, daß der Mensch noch zu etwas anderm da sein könne, als wohl und zufrieden zu leben; und daß er nur deswegen Wurzeln schlagen soll, um seinen Stamm in die Höhe zu treiben. Dieser denkt nicht daran, daß er vor allen Dingen wohl leben muß, um gleichförmig gut und edel zu denken, und daß es auch um den Stamm getan ist, wenn die Wurzeln fehlen.« Die Entartungsformen der beiden, Schiller nennt sie Karikaturen, sind der gemeine Empiriker, der nur glaubt und begreift, was er tastet, und nur schätzt, was ihm materiellen Vorteil bringt,[70] und der Phantast, der völlig ohne Gesetz ist, nichts ist und zu nichts dient. Und indem Schiller sie noch genauer vorstellt, kann man im Phantasten unschwer Gestalten seiner Jugenddramen erkennen: Karl von Moor und Ferdinand von Walter. »Aber eben darum, weil die Phantasterei keine Ausschweifung der Natur, sondern der Freiheit ist, also aus einer an sich achtungswürdigen Anlage entspringt, die ins Unendliche perfektibel ist, so führt sie auch zu einem unendlichen Fall in eine bodenlose Tiefe und kann nur in einer völligen Zerstörung sich endigen« (SW 5,780).

70 Er ist derjenige, der den Schlachtruf »Was nützt es?« ausstößt und damit das Jahrhundert so deformiert, daß Schiller im zweiten der *Ästhetischen Briefe* davon sprechen kann, daß der Nutzen »das große Idol der Zeit« sei, »dem alle Kräfte fronen und alle Talente huldigen sollen«.

IV. Literaturhinweise

1. Werke

a) Gesamtausgaben

Sämmtliche Werke. Hrsg. von Christian Gottfried Körner. 12 Bde. Stuttgart/Tübingen: Cotta, 1812–15. [Erste Gesamtausgabe.]

Sämmtliche Schriften. Hist.-krit. Ausgabe. Hrsg. von Karl Goedeke. 15 Bde. in 17 Tln. Stuttgart: Cotta, 1867–76.

Sämtliche Werke. Säkular-Ausgabe. Hrsg. von Eduard von der Hellen. 16 Bde. Stuttgart/Berlin: Cotta [, 1904/05].

Werke. Nationalausgabe. Begr. von Julius Petersen, fortgef. von Lieselotte Blumenthal, Benno von Wiese und Siegfried Seidel, hrsg. von Norbert Oellers. Weimar: Hermann Böhlaus Nachf., 1943 ff. [Zitiert als: NA. Orthographie und Interpunktion modernisiert.]

Sämtliche Werke. Hrsg. von Gerhard Fricke und Herbert G. Göpfert. 5 Bde. München: Hanser, 1958/59. [Zitiert als: SW. – Nach dieser Ausgabe werden die Gedichte, Prosatexte, philosophischen Schriften und die unter Angabe von Akt und Szene nachgewiesenen Dramentexte zitiert.]

Sämtliche Werke in 10 Bdn. Hrsg. von Hans-Günther Thalheim [u. a.]. Berlin: Aufbau-Verlag, 1980 ff.

Werke und Briefe in 12 Bdn. Hrsg. von Klaus Harro Hilzinger [u. a.]. Frankfurt a. M.: Deutscher Klassiker Verlag, 1988 ff.

Briefe. Krit. Gesamtausgabe. Hrsg. von Fritz Jonas. 7 Bde. Stuttgart/Leipzig/Berlin/Wien: Deutsche Verlags-Anstalt, o. J. [1892–96].

b) Weitere Ausgaben

Die Braut von Messina oder Die feindlichen Brüder. Ein Trauerspiel mit Chören. Stuttgart: Reclam, 1962 [u. ö.]. (Universal-Bibliothek. 60.)

Demetrius. Hrsg. von Wolfgang Wittkowski. Stuttgart: Reclam, 1963 [u. ö.]. (Universal-Bibliothek. 8558.)

Don Carlos, Infant von Spanien. Ein dramatisches Gedicht. Stuttgart: Reclam, 1969 [u. ö.]. (Universal-Bibliothek. 38.) – Auch auf CD-ROM. (100033.)

Gedichte. Hrsg. von Norbert Oellers. Stuttgart: Reclam, 1999. (Universal-Bibliothek. 7714.)
Der Geisterseher. Aus den Memoiren des Grafen von O**. Hrsg. von Mathias Mayer. Stuttgart: Reclam, 1996. (Universal-Bibliothek. 7435.)
Die Jungfrau von Orleans. Eine romantische Tragödie. Stuttgart: Reclam, 1968 [u. ö.]. (Universal-Bibliothek. 47.)
Kabale und Liebe Ein bürgerliches Trauerspiel. Stuttgart: Reclam, 1969 [u. ö.]. (Universal-Bibliothek. 33.) – Auch auf CD-ROM. (110015.)
Kallias oder über die Schönheit. Über Anmut und Würde. Hrsg. von Klaus L. Berghahn. Stuttgart: Reclam, 1971 [u. ö.]. (Universal-Bibliothek. 9307.)
Maria Stuart. Trauerspiel in fünf Aufzügen. Stuttgart: Reclam, 1990 [u. ö.]. (Universal-Bibliothek. 64.) – Auch auf CD-ROM. (100023.)
Die Räuber. Ein Schauspiel. Stuttgart: Reclam, 1992 [u. ö.]. (Universal-Bibliothek. 15.) – Auch auf CD-ROM. (100029.)
Turandot, Prinzessin von China. Ein tragikomisches Märchen nach Gozzi. Stuttgart: Reclam, 1987 [u. ö.]. (Universal-Bibliothek. 92.)
Über die ästhetische Erziehung des Menschen in einer Reihe von Briefen. Stuttgart: Reclam, 1966 [u. ö.]. (Universal-Bibliothek. 8994.)
Über naive und sentimentalische Dichtung. Stuttgart: Reclam, 1978 [u. ö.]. (Universal-Bibliothek. 7756.)
Der Verbrecher aus verlorener Ehre und andere Erzählungen. Stuttgart: Reclam, 1964 [u. ö.]. (Universal-Bibliothek. 8891.)
Die Verschwörung des Fiesco zu Genua. Ein republikanisches Schauspiel. Stuttgart: Reclam, 1970 [u. ö.]. (Universal-Bibliothek. 51.)
Vom Pathetischen und Erhabenen. Ausgewählte Schriften zur Dramentheorie. Hrsg. von Klaus L. Berghahn. Stuttgart: Reclam, 1970 [u. ö.]. (Universal-Bibliothek. 2731.)
Wallenstein. Ein dramatisches Gedicht. I. Wallensteins Lager. Die Piccolomini. Stuttgart: Reclam, 1970 [u. ö.]. (Universal-Bibliothek. 41.)
Wallenstein. Ein dramatisches Gedicht. II. Wallensteins Tod. Stuttgart: Reclam, 1969 [u. ö.]. (Universal-Bibliothek. 42.)
Wilhelm Tell. Stuttgart: Reclam, 1969 [u. ö.]. (Universal-Bibliothek. 12.) – Auch auf CD-ROM. (110008.)

2. Dokumente

Friedrich Schiller über seine Dichtungen. Hrsg. von Bodo Lecke. 2 Bde. München 1969/70.
Schillers Persönlichkeit. Urtheile der Zeitgenossen und Documente. Ges. von Max Hecker und Julius Petersen. 3 Tle. Weimar 1904–1909.
Schiller und Goethe im Urtheile ihrer Zeitgenossen. Ges. und hrsg. von Julius W. Braun. 1. Abt.: Schiller. 3 Bde. Leipzig (Bd. 3: Berlin) 1882.
Schiller und sein Kreis in der Kritik ihrer Zeit. [Hrsg.] von Oscar Fambach. Berlin 1957.
Schiller – Zeitgenosse aller Epochen. Dokumente zur Wirkungsgeschichte Schillers in Deutschland. Hrsg. von Norbert Oellers. 2 Tle. Frankfurt a. M. (Tl. 2: München) 1970–76.
Freese, Wolfgang / Karthaus, Ulrich: Erläuterungen und Dokumente: Friedrich Schiller, *Die Jungfrau von Orleans*. Stuttgart 1984 [u. ö.]. (Universal-Bibliothek. 8164.)
Grawe, Christian: Erläuterungen und Dokumente: Friedrich Schiller, *Maria Stuart*. Stuttgart 1978 [u. ö.]. (Universal-Bibliothek. 8143.)
– Erläuterungen und Dokumente: Friedrich Schiller, *Die Räuber*. Stuttgart 1984 [u. ö.]. (Universal-Bibliothek. 8134.)
– Erläuterungen und Dokumente: Friedrich Schiller, *Die Verschwörung des Fiesco zu Genua*. Stuttgart 1985 [u. ö.]. (Universal-Bibliothek. 8168.)
Pörnbacher, Karl: Erläuterungen und Dokumente: Friedrich Schiller, *Don Carlos*. Stuttgart 1982 [u. ö.]. (Universal-Bibliothek. 8120.)
Rothmann, Kurt: Erläuterungen und Dokumente: Friedrich Schiller, *Wallenstein*. Stuttgart 1977 [u. ö.]. (Universal-Bibliothek. 8136.)
Schafarschik, Walter: Erläuterungen und Dokumente: Friedrich Schiller, *Kabale und Liebe*. Stuttgart 1980 [u. ö.]. (Universal-Bibliothek. 8149.)
Schmidt, Josef: Erläuterungen und Dokumente: Friedrich Schiller, *Wilhelm Tell*. Stuttgart 1979 [u. ö.]. (Universal-Bibliothek. 8102.)

3. Bibliographien

Goedeke, Karl [: Schiller-Bibliographie bis 1892]. In: Grundriß zur Geschichte der deutschen Dichtung. Bd. 5. Dresden ^{2}1893.

Vulpius, Wolfgang: Schiller-Bibliographie 1893–1958. Weimar 1959.

– Schiller-Bibliographie 1959–1963. Berlin/Weimar 1967.

Wersig, Peter: Schiller-Bibliographie 1964–1974. Berlin/Weimar 1977.

Koopmann, Helmut: Schiller-Forschung 1970–1980. Ein Bericht. Marbach 1982. (Deutsches Literaturarchiv. Verzeichnisse, Berichte, Informationen. 12.)

Bärwinkel, Roland / Lopatina, Natalija I. / Mühlpfordt, Günther: Schiller-Bibliographie 1975–1985. Berlin/Weimar 1989.

Raabe, Paul / Bode, Ingrid: Schiller-Bibliographie 1959–1961. In: Jahrbuch der Deutschen Schillergesellschaft 6 (1962).

Bode, Ingrid [seit 1974: Ingrid Hanich-Bode]: Schiller-Bibliographie 1962–1990. In: Jahrbuch der Deutschen Schillergesellschaft 10 (1966), 14 (1970), 18 (1974), 23 (1979), 27 (1983), 31 (1987), 35 (1991).

Inventare des Goethe- und Schiller-Archivs. Bd. 1: Schillerbestand. Red. Gerhard Schmid. Weimar 1989.

4. Forschungsliteratur

Barner, Wilfried / Lämmert, Eberhard / Oellers, Norbert (Hrsg.): Unser Commercium. Goethes und Schillers Literaturpolitik. Stuttgart 1984.

Berger, Karl: Schiller. Sein Leben und seine Werke. 2 Bde. München 1905.

Berghahn, Klaus L. / Grimm, Reinhold (Hrsg.): Schiller. Zur Theorie und Praxis der Dramen. Darmstadt 1972.

Biener, Maria Elisabeth: Die kritische Reaktion auf Schillers Dramen zu Lebzeiten des Autors. Köln 1974.

Bolten, Jürgen: Friedrich Schiller. Poesie, Reflexion und gesellschaftliche Selbstdeutung. München 1985.

Borchmeyer, Dieter: Tragödie und Öffentlichkeit. Schillers Dramaturgie im Zusammenhang seiner ästhetisch-politischen Theorie und die rhetorische Tradition. München 1973.

Brandt, Helmut (Hrsg.): Friedrich Schiller. Angebot und Diskurs. Zugänge, Dichtung, Zeitgenossenschaft. Berlin/Weimar 1987.

Buchwald, Reinhard: Schiller. 2 Bde. Leipzig 1937.

– Der junge Schiller. Wiesbaden 1953.

Dahnke, Hans-Dietrich / Leistner, Bernd (Hrsg.): Schiller. Das dramatische Werk in Einzelinterpretationen. Leipzig 1982.

Dyck, Martin: Die Gedichte Schillers. Figuren der Dynamik des Bildes. Bern/München 1967.

Fricke, Gerhard: Der religiöse Sinn der Klassik Schillers. Zum Verhältnis von Idealismus und Christentum. München 1927.

Friedl, Gerhard: Verhüllte Wahrheit und entfesselte Phantasie. Die Mythologie in der vorklassischen und klassischen Lyrik Schillers. Würzburg 1987.

Gerhard, Melitta: Schiller. Bern 1950.

Graham, Ilse: Schiller, ein Meister der tragischen Form. Darmstadt 1974.

Hinderer, Walter (Hrsg.): Schillers Dramen. Neue Interpretationen. Stuttgart 1979. – Neue Ausgabe: Interpretationen: Schillers Dramen. Stuttgart 1992 [u. ö.]. (Universal-Bibliothek. 8807.)

Jolles, Matthijs: Dichtkunst und Lebenskunst. Studien zum Problem der Sprache bei Friedrich Schiller. Hrsg. von Arthur Groos. Mit einem Nachw. von Elizabeth M. Wilkinson. Bonn 1980.

Kaiser, Gerhard: Vergötterung und Tod. Die thematische Einheit von Schillers Werk. Stuttgart 1967.

Keller, Werner: Das Pathos in Schillers Jugendlyrik. Berlin 1964.

Koopmann, Helmut: Friedrich Schiller. 2 Bde. Stuttgart 1966. (Sammlung Metzler. 50, 51.)

– (Hrsg.): Schiller-Handbuch. Stuttgart 1998.

Kraft, Herbert: Um Schiller betrogen. Pfullingen 1978.

Leibfried, Erwin: Schiller. Notizen zum heutigen Verständnis seiner Dramen. Frankfurt a. M. / Bern / New York 1985.

May, Kurt: Friedrich Schiller. Idee und Wirklichkeit im Drama. Göttingen 1948.

Middell, Eike: Friedrich Schiller. Leben und Werk. Leipzig 1980.

Minor, Jacob: Schiller. Sein Leben und seine Werke. 2 Bde. Berlin 1889/90 [unvollendet].

Mück, Hans-Dieter / Grosse, Helmut (Bearb.): Schau-Bühne. Schillers Dramen 1945–1984. Eine Ausstellung des Deutschen Literaturarchivs und des Theatermuseums der Universität zu Köln. Marbach a. N. 1984.

Oellers, Norbert: Schiller. Geschichte seiner Wirkung bis zu Goethes Tod 1805–1832. Bonn 1967.
– (Hrsg.): Schiller. Aspekte neuerer Forschung. Berlin 1990. (Sonderheft der »Zeitschrift für deutsche Philologie«. 109.)
– Schiller. Stuttgart 1993. (Universal-Bibliothek. 8932.)
– (Hrsg.): Interpretationen: Gedichte von Friedrich Schiller. Stuttgart 1996 [u. ö.]. (Universal-Bibliothek. 9473.)
Rudloff-Hille, Gertrud: Schiller auf der deutschen Bühne seiner Zeit. Berlin/Weimar 1969.
Sautermeister, Gert: Idyllik und Dramatik im Werk Friedrich Schillers. Zum geschichtlichen Ort seiner klassischen Dramen. Stuttgart/Berlin/Köln/Mainz 1971.
Staiger, Emil: Friedrich Schiller. Zürich 1967.
Storz, Gerhard: Der Dichter Friedrich Schiller. Stuttgart [4]1968.
Tschierske, Ulrich: Vernunftkritik und ästhetische Subjektivität. Studien zur Anthropologie Friedrich Schillers. Tübingen 1988.
Ueding, Gert: Schillers Rhetorik. Idealistische Wirkungsästhetik und rhetorische Tradition. Tübingen 1971.
Wiese, Benno von: Friedrich Schiller. Stuttgart 1959.
Wittkowski, Wolfgang (Hrsg.): Friedrich Schiller. Kunst, Humanität und Politik in der späten Aufklärung. Tübingen 1982.
Wilpert, Gero von: Schiller-Chronik. Sein Leben und Schaffen. Stuttgart 1958.
Zeller, Bernhard (Hrsg.): Schiller. Reden im Gedenkjahr 1955. Stuttgart 1955.
– (Hrsg.): Schiller. Reden im Gedenkjahr 1959. Stuttgart 1961.

V. Abbildungsnachweis

nung von Johann Christian Reinhardt, 1787. Foto: Verlagsarchiv.

172 Schiller auf dem Totenbett. Nach der Kreidezeichnung von Ferdinand Jagemann, 10. Mai 1805. Foto: Verlagsarchiv.

Literaturwissen

für Schule und Studium

Alfred Andersch. Von Reiner Poppe. 120 S. 6 Abb. UB 15219

Heinrich Böll. Von Helmut Bernsmeier. 151 S. 10 Abb. UB 15211

Bertolt Brecht. Von Franz-Josef Payrhuber. 176 S. 9 Abb. UB 15207

Georg Büchner. Von Karlheinz Hasselbach. 108 S. 7 Abb. UB 15212

Friedrich Dürrenmatt. Von Wilhelm Große. 176 S. 11 Abb. UB 15214

Theodor Fontane. Von Theodor Pelster. 116 S. 10 Abb. UB 15213

Max Frisch. Von Klaus Müller-Salget. 141 S. 10 Abb. UB 15210

Johann Wolfgang Goethe. Von Kurt Rothmann. 158 S. 10 Abb. UB 15201

Gerhart Hauptmann. Von Franz-Josef Payrhuber. 104 S. 9 Abb. UB 15215

Hermann Hesse. Von Helga Esselborn-Krumbiegel. 115 S. 9 Abb. UB 15208

Franz Kafka. Von Carsten Schlingmann. 168 S. 11 Abb. UB 15204

Gottfried Keller. Von Klaus-Dieter Metz. 143 S. 7 Abb. UB 15205

Heinrich von Kleist. Von Sabine Doering. 123 S. 10 Abb. UB 15209

Gotthold Ephraim Lessing. Von Wolfgang Kröger. 106 S. 10 Abb. UB 15206

Thomas Mann. Von Ulrich Karthaus. 115 S. 7 Abb. UB 15203

Conrad Ferdinand Meyer. Von Theodor Pelster. 119 S. 9 Abb. UB 15216

Friedrich Schiller. Von Walter Schafarschik. 182 S. 13. Abb UB 15218

Adalbert Stifter. Von Karl Pörnbacher. 144 S. 9 Abb. UB 15217

Theodor Storm. Von Winfried Freund. 136 S. 6 Abb. UB 15202

Philipp Reclam jun. Stuttgart